청소년 군주론

판권은 표지 뒷면에 있습니다. (표 4)

전화: 010-2614-2727

팩스: (031)477-2727

이 책은 저자와 합의 하에 출판되었으므로, 사전 허가 없이 on-line 또
는 off-line상 무단 전재·모방·복사·발췌하는 것을 금합니다.
파본은 교환해 드립니다.

500년 마키아벨리 다시 읽는다

청소년

군주론

니콜로 마키아벨리/송상소 옮김

Long run 롱런

*프롤로그

세상의 온갖 변화는 정글과 같아서 그때그때 변신을 꾀해야 한다. 그렇지 않으면 그 정글이라는 현실을 극복하기도 힘겹다. 또한 생존도 불가능하다.

이런 현실 속에서 삶의 역할은 어떤 식으로든 주어진다. 그 주어진 역할을 충실히 이행하는 것만이 험난한 세상을 극복할 수 있다.

아무리 잘난 사람도 보잘것없는 데가 있고, 아무리 못난 사람도 누구 못지 않게 잘난 데가 있다.

전혀 가치가 없는 사람이라도 어딘가에 장점이 있어 엉뚱하게도 훌륭한 일을 한다.

그렇듯 처지와 상관없이 생존 본능을 불사른다면 행운도 따르게 마련이다.

마키아벨리의 군주론은 고대와 중세의 전통적인 사상과 도덕을 중심으로 군주의 자율성과 권력의 관계를 생생하게 보여 주는 책이다. 따라서 이 책은 당신이 세상을 어떻게 살아가야 하며 어떻게 적응해야 할지를 깨닫게 한다.

옮긴이

사부아공국

토리노
밀라노
아스티
롬바르디아
밀라노공국
제노바
제노바공화국
만토바
볼로냐

베네치아공화국
파도바
베네치아
페라라공국
페라라
로
마
냐
피렌체
피렌체 공화국
토스카나
시에나
시에나
공화국
우르비노
마르케
움브리아

교황령

로마

코
르
시
카

사
르
데
냐

티레니아 해

아드리아 해

캄파니아
나폴리

바리

나폴리왕국

타란토

칼라브리아

팔레르모
메시나
시칠리아
시라쿠사

N

목차

존경하는 로렌초 디 피에로 데 메디치 군주께

군주의 총애를 받기 위해서는 대부분 군주가 가장 아끼는 것이나 좋아하는 것을 들고 가서 알현하는 것이 관례입니다. 그러니 각자 지위에 어울리는 말이나 무기를 바칩니다.

그렇지 않으면 아름다운 비단에 금실로 수를 놓은 예복이나 보석으로 치장된 장신구 등을 선물로 바치게 되는데 이런 것들이 관행처럼 되었습니다.

그래서 저도 제가 가장 아끼는 것을 군주께 선물로 바쳐 충정을 표하려 합니다. 이 선물은 과거와 현재의 사건 속에서 벌어진 위인들의 업적과 관련된 지식뿐입니다.

저는 이렇게 연구하고 기록한 것들을 마침내 소책자로 정리하여 군주께 바칩니다. 비록 이것이 군주께는 하찮은 것이라 할지라도 수년 동안 온갖 고조와 경험을 한눈에 볼 수 있게 기록한 것이라 제게 있어서는 그 무엇보다 귀한 선물이라 여겨집니다. 그러니 군주께선 흔쾌히 받아 주실 것으로 믿습니다.

흔히 글을 쓰는 사람들은 그 내용을 말하는 데 있어서 미사어구로 온갖 치장을 합니다. 그러나 저는 그렇게 하고 싶지 않습니다. 또한 이 책으로 돋보일 생각도 없습니다. 오직 사실에 충실했다는 점을 헤아렸으면 합니다.

저와 같은 미천한 신분으로 감히 군주의 통치를 시시비비하는 것에 대해 주제넘는다고 여기지 않기를 바랄 뿐입니다.

땅의 지형을 그리려면 먼저 산꼭대기의 모양을 평지에서 살펴야 하고 또한 평지를 살피려면 산꼭대기로 올라가서 살펴야 합니다. 이와 마찬가지로 백성의 마음을 살피려면 군주의 처지에 서서 봐야 하고 군주의 마음을 살피려면 백성의 처지에 서서 봐야 합니다.

비록 작은 선물이지만 저의 뜻을 헤아려 주십시오. 또한 이것을 꼼꼼히 읽은 다음 그 진의를 알아 전하의 업적에 보탬이 된다면 비로소 저의 충정을 발견하게 될 것입니다.

훗날 전하께서는 그 높은 자리에서 낮은 곳을 바라볼 때, 잔혹하리 만큼 부당하게 시달리는 저를 보게 될 것입니다.

니콜로 마키아벨리

** 제1장

프란체스코 스포르차

국가의 형태와 성립 과정

　백성을 다스려 온 국가나 연방(한 나라가 여러 나라에게 자치권을 주면서 지배하는 형태)은 예로부터 모두가 공화국이거나 군주국이었다.

　그중 주권을 군주의 후손이 물려받는 세습의 형태와 그렇지 않은 형태, 즉 신생 군주국이 있다.

　신생 군주국에는 밀라노의 프란체스코 스포르차(1401~1466. 평민 출신의 용병대장, 열여섯 살에 군에 입대, 스물네 살에 아버지의 뒤를 이어 대장이 됨)와 같이 완전히 새로 만들어 통치하는 군주국이 있고, 또 다른 하나는 에스파냐 왕이 통치하는 나폴리 왕국(1501년 나폴리와 1504년 시칠리아를 점령하여 합병함)처럼 세습 군주국에 정복되어 편입된 군주국으로 합병 형태를 띤다.

　이런 방식으로 얻게 된 영토는 기존 통치자에게 귀속되는 경우와 그렇지 않은 경우가 있다.

이때 그것을 통치하기 위해서는 군주 자신의 세력을 이용하거나 외부의 세력을 이용해야 하는 데 우연히 얻어지는 행운도 있고 능력에 의해 얻어지는 경우도 있다(에스파냐〈스페인〉: 8세기 초 이슬람교도들이 통치했으나 13세기말에는 대부분의 지역을 그리스도교 세력인 카스티야 왕국과 아라곤 왕국이 탈환함).

** 제2장

세습 군주국

공화국에 대한 것들은 다른 곳(로마사론: 1517년 완성)에서 상세히 다루었다. 그러니 여기서는 언급하지 않고 군주국의 특성을 따져 군주국들은 어떻게 통치되고 유지되었는가를 서술하겠다.

세습 군주국은 대대로 가문에 의해 군주의 지위가 세습되었다. 그러니 신생 군주국보다 통치가 훨씬 수월하다.

그것은 오직 선대의 관례에 따라 충분히 유지될 수 있기 때문이다. 따라서 예상치 못한 사태가 벌어져도 적절한 조치만을 취하면 된다.

이처럼 세습 군주는 비범하지 않더라도 대적하기 힘들 정도의 강력한 세력이 등장하거나 외부의 침략만 없다면 그 국가는 계속 유지된다.

어쩌다 나라를 빼앗겨 권좌에서 물러났다고 해도 그 침략자가 쇠퇴하면 반드시 국가를 재건하고 다시 권좌에 오를 수 있다.

예컨대 이탈리아의 페라라 공작의 경우가 그렇다. 그가 1484년에는 베네치아를 1510년에는 율리우스 교황의 공격을 막아냈다(페라라 공작 에르콜레 1471~1505: 교황 식스투스 4세와 동맹을 맺은 베네치아에게 많은 영토를 잃었다. 그의 아들 알폰소 1486~1534: 프랑스에 대항하여 신성 동맹을 맺은 교황 율리우스 2세의 공격을 받음. 마키아벨리는 이 두 가지 사건을 혼동하고 있는 것 같다.). 그것은 그의 가문이 세습 통치를 했기 때문이다.

세습 군주는 자신의 백성을 괴롭히는 일도 없고 그럴 필요도 없다. 그러므로 자연히 백성의 지지를 받는다. 또한 큰 잘못을 저지르지 않는 한 저항을 받지 않고 신뢰를 받는 것이 자연스럽다.

따라서 군주 가문의 통치가 오랫동안 세습되면 혁명에 대한 쓰라린 경험이나 기억들이 사라지므로 한 번 개혁이 시작되면 다음 세대를 위해 좋은 길이 열린다.

** 제3장

연방 군주국

연방 군주국의 통치는 어떻게 할 것인가

　여러 국가가 합쳐 형성된 군주국에는 많은 어려움이 따른다.
　첫째로 그 국가가 신생 군주국이 아니라 일반적으로 연방국
이라 할 수 있는 나라의 일부분으로 구성되어 있을 때, 모든
신생국과 같이 공통적으로 겪게 될 문제들로 인해 위기를 맞
게 된다.
　즉, 현재 상태를 타파하려면 군주를 바꾸어야 한다는 생각
이 앞서기 때문에 백성들은 자신들의 힘을 믿고 겁없이 군주
를 향해 무기를 들고 저항한다. 그러다가 결국 그들의 생각이
현실적인 문제에 부딪치게 된다. 이때 국가 재정이 더욱더 악
화됨을 깨닫게 된다. 이것은 일반적으로 불가피한 자연 현상

이다.

연방 군주국의 군주가 된 사람은 그 권력을 가지는 만큼 새로운 정복을 위해 여러 가지 박해를 가하는 등 항시 백성을 가혹하게 몰아붙여 피해를 안긴다.

이 경우 그 군주를 거부한 사람들은 모두 정적이 되게 마련이고 그에게 동조했던 세력까지도 그들이 기대했던 것만큼의 소득이 없다면 불만을 갖게 된다.

그렇다 해도 그들의 도움을 받아 주권을 장악한 이상 그들에게 가혹한 조치를 취할 수는 없는 노릇이다. 따라서 자기의 군사력이 제아무리 강하다 하더라도 어느 지역을 점령하려면 그 지역 백성의 환심을 사야 한다.

실패로 끝난 프랑스 왕 루이의 밀라노 정복

프랑스의 루이 12세는 손쉽게 밀라노를 정복했지만 순식간에 그것을 다시 잃게 되었다. 당시 루도비코(1452~1508: 밀라노 공작이 된 프란체스코 스포르차의 둘째 아들. 1466년 아버지가 죽고 1476년 형 갈레아초가 어린 아들 잔 갈레아초에게 공작 자리를 남긴 채 살해되자, 음모를 꾸

루이 12세

며 조카 대신 섭정〈1480~1494〉을 했다.)는 자기의 군대만으로도 그 지역을 무난하게 다시 찾을 수 있었다. 그럼에도 불구하고 루이 12세에게 성문을 열어 준 백성들이 자기들의 기대에 못 미치자 그 군주에 대한 반감이 생겨 지지를 철회하는 사태가 발생한 것이다(이탈리아와 프랑스의 동맹: 이탈리아는 15~16세기에 걸쳐 프랑스의 침략에 시달리게 되자 1483년 프랑스 왕위를 계승한 샤를 8세와 그의 뒤를 이은 루이 12세에 의해 체결됨).

그렇게 백성들이 군주를 배신하고 반기를 들었다 해도 일단 영토를 군주가 되찾게 되면 군주는 그 영토를 쉽게 잃지 않는다. 군주는 지난날의 반란을 빌미 삼아 가차없이 역모자를 처단하고 가담자를 색출한다. 그런 다음 취약한 전략지를 보강하고 더욱 강력하게 대처하여 자신에 대한 안정을 꾀할 것이다. 결국 군주는 불리한 조건 아래서도 더욱더 강자로 군림하게 된다. 그런 상황에서 루도비코 공작은 밀라노를 탈환할 때,

프랑스의 국경 지역을 침공한 것으로 족했다.

그 후로 프랑스가 루도비코 공작이 점령한 밀라노를 되찾으려 할 때 프랑스는 연합군(율리우스 2세는 프랑스 및 스페인의 외세를 몰아내기 위해 신성 동맹〈에스파냐, 베네치아, 영국, 신성로마제국 등.〉을 맺어 대항함)과 싸워야 했다. 마침내 프랑스 왕은 패전으로 이탈리아에서 추방을 당하는 처지에 놓였고, 루도비코 공작은 위에서 말한 것과 같은 여건에도 불구하고 프랑스로부터 밀라노를 두 번씩이나 탈환했던 것이다.

루도비코 포르차

합병된 영토의 유지와 관리

프랑스 왕은 첫 번째와 마찬가지로 두 번째도 추방을 당했다. 그 첫 번째 이유에 대해서는 이미 서술을 했고, 두 번째는 한 번 탈환한 영토를 또다시 잃게 된 이유인데 지금부터 구체적으로 서술하려 한다.

그 당시에 프랑스 왕의 대처 방법과 다른 사람이 왕의 처지에서 대처하는 방법을 살펴보면 일단 영토를 손에 넣었을 경우 어떻게 점령지를 잘 유지할 수 있는가.

우선 새로운 나라를 정복하여 본국과 합병된 경우를 살펴보면, 정복한 나라와 정복을 당한 나라는 지역에 따라 동일한 언어를 쓰기도 하고 다른 언어를 쓰기도 한다. 동일한 언어를 쓰는 경우 점령지를 보존하기가 쉽다. 특히 백성들이 억압을 당했던 상태의 경우라면 한결 더 수월하다.

여기서 선행되어야 할 것은 안정적인 지배를 위해 점령지의 군주 가문을 제거하는 것이다.

그렇게 하면 통치하는 가문이 없어진 상태에서 생활 양식만 유지해 주면 풍습이 같기 때문에 안정을 지속시킬 수 있다.

예를 들면 부르고뉴나 브르타뉴, 가스코뉴, 노르망디 등에서 찾아볼 수 있듯이 그러한 지역은 오랫동안 프랑스에 예속되어 있던 관계로 다소의 언어적 차이는 있겠지만 풍습이 같아 지금껏 손쉽게 동화된 것이다. 그러므로 그 영토를 합병하여 보존에 나가려면 다음과 같은 사항에 유의해야 한다.

첫째, 옛군주의 가문을 완전히 제거해야 한다.

둘째, 본래의 법률이나 납세 제도를 그대로 유지해야 한다.

이렇게 하면 새로운 영토는 짧은 시일 내에 기존의 군주국과 동일한 상태가 될 수 있다.

영토 합병에 따른 정복자의 지혜

만일 새로 정복한 영토의 백성들이 언어·풍습·제도가 다를 경우 엄청난 노력과 행운이 따르지 않는 한 유지되기 힘들다. 이때 가장 효과적인 해결책은 정복자 자신이 그 지역에 상주하는 것이다. 이것이 영토를 지키는 가장 안전한 방법이다.

투르크가 그리스에 그와 같은 방법(투르크 왕은 그리스, 헝가리, 알바니아 등에 일정 기간 거주함)을 썼다. 만일 투르크 왕이 그리스의 점령지에 상주하지 않았다면 점령지의 안정을 유지하기 위해 어떤 조치를 취했다 하더라도 그 나라를 통치하기란 불가능했을 것이다. 그러나 군주가 점령지에 상주하게 되면 그 어떤 반란도 초기에 신속히 대처할 수 있다. 또한 정복자 자신이 점령지에 상주하게 되면 그 지역에서 만큼은 임명된 관료라 해도 함부로 약탈을 할 수가 없다.

예로부터 신하된 자는 그 군주의 녹봉을 받는 것으로 족하다. 백성들도 군주에게 직접 호소할 수 있다는 것만으로 만족할 뿐, 자신이 행복해지기 위해 군주를 잘 받들려 한다. 만약 따르지 않는 백성이라면 군주에게 불만과 두려움을 가질 게 뻔하다. 어쨌든 군주 자신이 그 점령지에 상주하고 있는 동안은 시극히 어려운 문제가 아닌 이상 외부의 적도 함부로 덤비지 못한다. 그리 쉽게 점령당하지는 않는다. 그렇다고 해도 외부의 적이 공격해 올 경우에는 신중하게 대처해야 한다.

군주국의 기반을 다지기 위한 지역 건설

차선책으로 적절한 방법은 그 나라의 몇몇 전략 지역을 골라 이주를 시키거나 많은 군대를 주둔시키는 것이다. 이때 이주를 시킬 경우에는 국가의 재원이 들지 않는다. 비록 경비가 들더라도 몇 푼 안 들이고 이를 충당할 수 있다.

식민지 건설에 있어서 피해를 보는 쪽은 그 지역을 빼앗긴 일부 원주민에 불과하다. 그들 몇몇 원주민들은 본래 못살고 여기저기 흩어져 있으므로 군주에게는 그렇게 큰 위협이 되지를 않는다. 또한 그들 외의 사람들은 거의 피해를 입지 않았으므로 소란을 피우는 일도 없다. 다만 자신의 재산을 빼앗길까 은근히 걱정되기 때문에 무리없이 지내려 한다. 따라서 식민지의 운영 경비는 적게 들고 충성도는 높아져 딱히 큰 저항은 없다.

앞에서도 언급했지만 피해를 입은 측은 여기저기 뿔뿔이 흩어져 있으므로 저항할 힘도 없다. 고려해야 할 것은 백성들을 자유롭게 풀어 주어야 할 것인가, 아니면 무조건 탄압을 해야 할 것인가를 선택해야 한다.

이때 백성들은 사소한 피해에 대해서는 저항을 하지만 막대한 피해에 대해서는 감히 저항할 엄두도 못 낸다. 그러니 그 복수를 두려워할 만큼 가혹하게 다스려야 할 필요가 있다.

주둔 군대에 대한 문제점

식민지를 건설하는 대신 군대를 주둔시킬 경우 그 나라의 수입 전부를 주둔군이 소모하므로 막대한 손실이 생긴다. 그러므로 정복한 영토가 손실로 이어질 수 있다. 더구나 주둔군이 이동할 때 생기는 손실이 심각한 폐해로 남기 때문에 군주는 한층 더 큰 손실을 보게 되는 것이다. 지역 백성들 역시도 이를 감당하지 못하기 때문에 결국은 불만이 적개심으로 번져 반란을 일으킬 수 있다. 이때 그들이 정복을 당하기는 했어도 자기 영토에 살고 있으므로 언제든지 군주를 해칠 수 있다. 그러니 식민지를 만드는 것이 군대를 주둔시키는 것보다 더 효과적이다.

주변의 약소국을 다스리는 방법

언어와 풍습이 다른 이방인의 군주는 이웃의 약소국을 이끌어 주거나 지켜 주면서 맹주(동맹을 맺은 개인이나 단체 가운데서 중심되는 인물이나 단체)의 역할을 해야 한다. 또한 인접해 있는 강한 국가를 약화시켜 어떤 경우라도 약소국을 침범하지 못하게 막아야 한다. 안으로는 야심을 품거나 두려움 때문에 불만을 품은 자들이 외부 세력과 연대하는 것을 철저히 경계해야 한다.

　로마를 그리스로 끌어들인 아이톨리아(아이톨리아: 고대 그리스에 있던 연방 국가. B.C. 340년 경에는 그리스에서 군사적으로 가장 중요한 세력. 마케도니아의 침략을 성공적으로 막아낸 후, 급속히 확장된 세력에 힘입어 그리스 중부 지방에서 실력을 행사함)의 경우가 그렇다. 로마가 침략한 나라들은 하나같이 그 나라의 요청이 있었기 때문이다. 이런 경우 흔히 외부에서 어떤 강대국이 침략해 오면 그 주변의 약소국들은 지금까지 자기들을 압박했던 상대를 향해 일제히 반발을 한다. 동시에 그 침략자 편을 들게 마련이다. 그러니 군주는 이 약소국을 완전히 장악해야 한다.

　그들은 신속하고도 자발적으로 신생 군주가 정복한 나라의 일원으로서 합병되기를 원한다. 때문에 그들에게 지나친 군사력이나 영향력을 갖지 못하게 해야 한다.

　이때 이것을 이용하면 자신의 군사력과 그들의 지원으로 이웃나라를 손쉽게 정복할 수 있고 또한 그 지역들을 완전히 장악할 수도 있다. 그러나 위에서 말한 것처럼 군사력이나 영향력을 제대로 통제하지 못하면 이미 손에 넣었던 지역도 잃을 뿐만 아니라 비록 그것을 잃지 않는다 해도 수많은 분쟁과 곤경에 빠질 것이다.

정복한 지역의 통치 방법

로마는 그들이 정복한 지역에서 이와 같은 방법으로 식민지를 건설했다. 그리고 이웃의 약소국들과 손을 잡는 동시에 그들의 세력이 커지지 못하도록 견제한다. 그중 강한 나라를 몰아내고 우세한 외부 세력이 강해지는 것을 허용하지 않는다.

그 좋은 본보기가 그리스이다. 로마는 아카이아와 아이톨리아를 견제하는 한편 마케도니아 왕국을 제압하고 안티오코스(안티오코스 3세 B.C. 242~187: 헬레니즘 시대, 시리아 왕국의 셀레우코스 왕조의 왕. 소아시아 지방 및 아르메니아, 파르티아에서 인도까지 그 세력을 떨침)를 그 지역에서 추방시켰다. 이때 아카이아와 아이톨리아는 로마를 지원하여 공적을 쌓았음에도 불구하고 영토는 차지하지 못하게 했다.

마케도니아의 필리포스(필리포스 5세 B.C. 238~179: 마케도니아의 왕 재위 B.C. 221~179: 마케도니아의 영향력을 그리스 전역으로 확대하려 했으나 로마에 의해 견제되었다. B.C. 221년 왕위에 올랐으며 BC 215년 로마와 전쟁을 하고 있는〈제2차 포에니 전쟁〉카르타고의 장군 한니발과 동맹을 맺고 일리리아에 있는 로마의 속국들을 공격하며 10여 년 동안 로마와 지루한 전쟁〈제1차 마케도니아 전쟁〉을 했음) 왕은 로마와 동맹을 원했지만 로마 사람들은 받아들이지 않았다. 결국 안티오코스는 강력한 군대를 가지고도 그리스 내의 어떠한 영토도 차지하지 못했다.

미래에 대한 대비책

로마의 군주라면 선례에 따라 취해야 할 조치를 취했다. 이처럼 현명한 군주는 눈앞에 닥친 문제를 염려할 뿐만 아니라 미래에 발생할 문제까지도 그와 관련된 대비책에 전력을 다한다.

이런 과정에서 이상한 조짐이 보일 때에는 미리 알아 손을 쓰면 막기가 수월하다. 그렇지 않고 위험이 닥칠 때까지 기다린다면 정작 시기를 놓쳐 해결하기 힘든 지경에 이른다.

질병을 보더라도 미열(건강한 몸의 체온보다 조금 높은 체온)이 시작될 때에는 그 병이 무슨 병인지 초기 진단이 어렵다. 그렇다 해도 치료하기 쉽다. 이와 반대로 병이 커지면 진단은 쉬워도 치료가 어렵다.

국가의 경우도 이와 마찬가지로 미래의 재난을 앞서 예측하면 손쉽게 막을 수 있다. 그러나 군주가 미리 예측하지 못하고 깨닫지 못한 사이에 재난이 닥치면 손쓸 방법이 없다.

전쟁은 불가피한 것이다

로마는 재난을 예측하고 그 대비책을 세웠기 때문에 군이 전쟁을 피할 이유가 없었다.

왜냐하면 전쟁은 불가피한 것이며 이를 피하는 것은 적군에게 유리한 상황이 된다는 사실을 너무나 잘 알고 있었기 때문이다.

로마는 그리스에서 필리포스와 안티오코스를 맞아 전투를 벌려 진격했지만 이탈리아에서는 그들과 전투를 피했다.

이 전쟁은 두 세력을 상대로 전혀 피할 수 없는 것도 아니지만 군이 그렇게 하기를 원치 않았다.

그들은 오늘날 현인들이 항상 말하는 '때를 기다려라' 라는 말을 귀담아 듣지 않았다.

대신 자기들만의 사고방식대로 용기와 행운에 의존했다. 그 때라는 것은 모든 것을 빼앗아 간 후에야 선과 악으로 나뉘는 결과물에 불과하기 때문이다.

루이 왕과 베네치아의 관계

이쯤 하고 다음은 위에서 말한 프랑스 이야기로 돌아가서 지금까지 말했던 것들이 어느 정도 실천되었는가에 대해 알아보자.

우선 샤를 8세(1470~1498 프랑스 왕: 나폴리 왕국에 대한 계승권을 주장 1494년에 이탈리아를 침략함)는 뒤로 미루어 놓고 루이 12세의 경우를 이야기해 보자. 루이 12세(1462~1515: 프랑스 왕: 샤를 8세의 뒤를 이어 1499~1512년까지 통치함)는 오랫동안 이탈리아를 지배했으니 그의 통치 과정을 알아보는 편이 나을 듯 싶다.

그는 통치를 위해 외국에서 취해야 할 조치와는 전혀 상반된 다른 것들을 시행했다.

루이 왕이 이탈리아에 기반을 둔 동기는 야심이 많은 베네치아가 루이 왕을 끌어들여 롬바르디아 영토의 절반을 손에 넣기 위해 그런 것이다.

나는 루이 왕의 조치에 대해 비난할 마음은 없다. 그가 이탈리아에 전초 기지를 구축하려 했을 때 그곳에는 어떤 지원군도 없었다. 샤를 왕은 이탈리아를 비롯한 모든 통로가 그의 행위로 인해 봉쇄되었으므로 그는 동맹에 관한 일이라면 누구라도 받아들여야 하는 처지에 놓였다.

그때 그가 취한 다른 조치가 실수없이 진행되었다면 그의 계획은 충분히 성공했을 것이다.

어쨌든 루이 왕은 롬바르디아를 정복하여 샤를 왕이 잃었던 위신을 회복했다.

제노바는 항복을 하고 피렌체는 그의 동맹국이 되었다. 만토아 후작을 비롯하여 페라라 공작, 벤티볼리오 가문, 포를리 백작 부인, 피엔차 후작, 페사로, 리미니, 카메리노, 피옴비노의 여러 영주들 그리고 루카, 피사, 시에나의 백성들이 그와 동맹을 원했다.

그제야 베네치아는 자신들의 행동이 현명하지 못했다는 것을 깨닫게 되었다.

베네치아는 롬바르디아에 작은 도시를 세운 것으로 끝났지만 프랑스 왕은 이탈리아 반도의 3분의 1에 달하는 영토를 지배하게 되었다(루이 12세와 베네치아 공화국: 이탈리아 정복 〈1494~1495〉에 실패하고 죽은 샤를 8세의 뒤를 계승한 프랑스의 왕 루이 12세는 샤를이 주장한 나폴리와 밀라노의 소유권을 다시 주장하며 이탈리아를 재차 침략함).

주변국에 대한 루이 12세의 실책

　루이 왕이 만일 앞에서 언급한 바와 같은 통치 방식을 따르고 동맹국들을 잘 지켜 주었다면 손쉽게 이탈리아에서 그의 위상을 확고히 했을 것이다. 이탈리아인으로 그에게는 다수의 동맹국이 있는 데 힘이 약할 뿐만 아니라 겁이 많았다. 그들 중 일부는 교회 세력을 두려워하고 일부는 베네치아를 두려워했으므로 언제든지 그와 동맹 관계를 유지할 수밖에 없다. 따라서 루이 왕은 그들을 이용하여 나머지 강대국을 쉽게 누르고 자신의 지위를 확보할 수 있었다.

　루이 왕은 밀라노에 입성하는 즉시 교황 알렉산데르 6세(본명은 로드리고 보르자〈1431~1503〉: 1492년 인노겐티우스 8세의 뒤를 계승하여 로마 교황이 됨)가 로마냐를 정복할 때 그를 지원했다. 그러나 앞서 논의했던 것과는 정반대의 조치로 인하여 그는 동맹국을 잃었다. 결국 세력이 약화되어 모처럼 그의 휘하(아래 딸린 사병)에 모여든 세력들을 놓쳤다. 그 반면에 교회는 그 영적인 능력과 아울러 막강한 권력을 손에 쥐게 되었다. 그 힘은 자연적으로 증가하고 그것이 한층 더 강력한 힘이 된다는 사실을 그는 알아차리지 못했다.

　그와 같은 잘못을 처음부터 저질렀기 때문에 해를 거듭할수록 또 다른 실책으로 이어진다. 그런 상황에서 루이 왕은 교황 알렉산데르 6세의 야심과 토스카나 영주가 되려는 계책을 저지하기 위해 자신이 직접 이탈리아 원정에 나섰다.

그는 교회 세력이 막강해지는 가운데 동맹국의 세력을 잃는 불안도 있었다. 하지만 나폴리 왕국에 욕심이 생겨 에스파냐 왕과 손잡고 이 나라를 분할 통치하려 했다.

초기에 그는 지배자로 있었던 이탈리아에 협력자를 불러들임으로써 그 지역의 야심가나 왕에 대한 불만 세력에게 또 다른 빌미를 제공한 셈이 되었다.

전부터 실권도 없는 왕을 통해 나폴리 왕국을 손쉽게 통치하는 것은 물론 조공까지 받으면서 관계를 유지할 수 있었다. 그런데 왕은 자신을 몰아낼 사람을 그 자리에 앉혀 놓은 꼴이 되었다(루이 12세와 나폴리 왕국: 프랑스 왕 루이 12세는 이탈리아에서 교황 알렉산데르 6세와 체사레 보르자의 세력이 커지자 그들을 견제하기 위해 과거 샤를이 주장한 나폴리 왕국에 대한 주도권을 주장. 서로 나폴리를 차지하려다 결국 전쟁을 하게 되고, 1503년 12월 프랑스 군이 에스파냐 군대에 패하므로써 루이 12세는 나폴리를 잃었다.).

영토를 확장하려는 욕심은 지극히 자연스럽고 당연한 일이다. 능력이 있는 사람이 왕의 자리에 오르게 되면 야망을 이루기 위해 항시 노력하는 법이다. 또한 훌륭한 일이라 비난의 대상이 될 수 없다. 그러나 그럴 만한 능력이 없는 사람이 수단과 방법을 가리지 않고 일을 도모할 때에는 실책에 이어 비난의 대상이 된다.

여기서 프랑스가 자체적으로 능력이 있다면 마땅히 그 군대로 하여금 나폴리 왕국을 장악했어야만 했다. 그러나 그럴 능력도 없이 외세의 힘을 빌어 나폴리 왕국을 침략하고 그것을 나누어 가지려는 것은 잘못된 생각이다.

앞서 프랑스가 베네치아와 손잡고 롬바르디아를 나누어 가진 것이 이탈리아에 거점을 마련하고자 한 것이라면 이해할 수 있다. 그러나 그 밖의 것은 그렇게 나눌 필요성이 없었으므로 비난을 받아 마땅하다.

루이 왕은 다음과 같은 다섯 가지 실책을 범했다.

첫째로 군소 세력을 무참히 짓밟았다.

둘째로 이탈리아에 있는 다른 세력들을 무조건 확장시켰다.

셋째로 이탈리아에 강력한 외부 세력을 끌어들였다.

넷째로 이탈리아에 상주하지 않았다.

다섯째로 식민지를 건설하지 않았다. 그렇다고 해도

여섯째로 그가 베네치아를 약화시키지 않았던들 앞선 모든 실책을 제쳐 놓고라도 살아 있는 동안만큼은 별 탈이 없었을 것이다.

그가 만일 교회 세력을 확장시키지 않고 에스파냐를 이탈리아로 끌어들이지 않았더라면 베네치아를 치는 것이 적절한 조치였을지도 모른다.

그가 비록 앞의 두 가지 실책을 했다 해도 베네치아의 멸망만큼은 용인하지 말았어야 했다. 베네치아가 맹주 노릇을 하는 경우는 다르겠지만 베네치아가 건재하면 롬바르디아를 차지하지 못하게 지켰을 것이다. 또한 외부 세력들이 롬바르디아를 프랑스에서 빼앗아 베네치아에 넘기려는 생각도 안 했을 것이다. 그 무엇보다 중요한 것은 이 두 나라를 상대로 싸울 엄두도 못냈다는 사실이다.

만약 루이 왕이 전쟁을 피하려고 알렉산데르 6세에게 루마냐를 양보하고 나폴리 왕국을 에스파냐에 준 것이라고 말하는 사람도 있을지 모른다.

나는 그것에 대해 앞에서도 말한 것처럼 이 점을 근거로 반박하려 한다. 전쟁이란 피할 수 있는 성질의 것이 아니며 다만 피해를 적게 하는 것이 중요하다. 더욱이 전쟁을 미루다 보면 오히려 더 불리한 입장에 처하게 마련이다.

여기서 루이 왕 자신이 결혼 취소를 승인받은 것과(루이 3세는 루마냐를 침공할 때, 원조해 준다는 조건으로 왕비〈잔: 루이 11세의 딸〉와 이혼하고, 샤를 8세의 미망인 브르타뉴의 〈안〉과 재혼할 것을 약속

함), 루이 왕(법왕을 도운 공로로 법왕 하부 자문 기관인 추기경이 됨)
이 법왕의 계략을 도와주는 대가로 추기경에 임명되었다고 생
각하는 사람들이 있다면 나중에 군주의 신의란 무엇이며 왜
지켜야 하는가를 설명하는 시점에서 반론하겠다.

외부 세력에 대한 견제와 균형

앞서 말한 것처럼 루이 왕은 영토를 점령하고 이를 유지하
기 위해 지켜야 할 조건을 이행하지 않았기 때문에 결국 롬바
르디아를 잃게 되었다. 이와 같은 일은 이상한 것이 아니라 지
극히 자연스런 일이며 충분히 가능한 일이다.

이 점에 대해서는 교황 알렉산데르 6세의 아들이며 흔히 체
사레 보르자(1493년 아버지에 의해 추기경이 되고, 루이 12세에 의해
공작에 임명. 프랑스의 지원을 받아 이탈리아 중부 로마냐 지역을 정복)
라고 불리는 발렌티노 공작이 로마냐를 점령할 무렵, 나는 낭
트에서 루이 추기경과 이야기를 나눈 적이 있다.

그가 이런 얘기 저런 얘기를 하던 중에 이탈리아인들은 전
쟁에 대해서 잘 이해를 못한다고 말을 했을 때 나는 프랑스인
들은 정치에 대해서 잘 이해를 못한다고 응수했다.

프랑스인들이 만일 정치를 이해했다면 교회가 그처럼 막강
한 권력을 갖도록 방치할 일이 없을 것이라는 생각에서 말한

것이다.

이탈리아에서 교회와 함께 에스파냐의 권력을 그처럼 강화시킨 책임은 프랑스에 있으며 그들로 인해 프랑스가 몰락한 것도 그들 자신에게 있었던 것이다.

지금까지 말한 것을 근거로 하여 영구불변의 일반적인 법칙을 만들어 낼 수 있다.

즉 상대에게 강력한 힘을 갖도록 빌미를 제공하는 사람은 스스로 자기 무덤을 파는 꼴이 되고, 또한 강력한 세력은 교묘한 술책이나 무력을 통해서 이루어진다.

때문에 강력한 힘을 얻게 된 사람은 그것을 처음부터 원치 않는다.

✲✲ 제4장

알렉산더 대왕에게 점령된 다리우스 왕국

점령 국가를 통치하는 두 가지 방법

새로운 점령지를 유지해 나간다는 것은 정말로 어려운 일이다. 얼마나 어려운가를 겪지 않은 사람은 이런 의문을 갖게 될 것이다.

알렉산더 대왕은 불과 몇 년 사이에 아시아를 제패(B.C. 336~323)했다. 그러나 이를 완전히 장악하지 못한 채 죽었다. 그때 지배국들은 반란을 일으키는 것이 당연했다. 그럼에도 불구하고 그의 후계자들은 그 지역을 잘 관리했다. 그들의 야심에서 비롯된 분란도 있었지만 큰 혼란 없이 영토를 지켜낼 수 있었다. 그것은 참으로 놀랄 만하다. 나는 이러한 점에 대해 다음과 같이 말하려고 한다.

우리가 역사적으로 알고 있는 영토의 대부분은 다음과 같은 두 가지 방법에 의해 통치되어 왔다.

그중 하나는 군주가 자신의 의지에 따라 임명된 신하의 제청을 받아 나라를 통치하는 것이고, 또 다른 하나는 군주의 임명이 아니라 세습된 권력의 제후(봉건 시대에, 군주로부터 받은 영토와 그 영내에 사는 백성을 다스리던 사람. 공후. 군후. 열후)와 함께 통치하는 경우이다.

이 경우 제후(지배당하기 전의 지배자)들은 군주의 임명이 아니라 세습으로 지위를 가지고 있는 것이다. 그들은 각각 자기들의 영토와 백성을 확보하고 있어 자연스럽게 그를 군주처럼 따르고 또한 충성을 아끼지 않는다.

그러나 임명된 신하들에 의해 통치되는 나라는 그렇지 않다. 백성들에게 있어 제후(지배당하기 전의 지배자)의 권력은 절대적이다. 백성들이 제후(지배당하기 전의 지배자)보다 더 높은 사람은 없다고 생각하기 때문이다. 따라서 임명된 자는 마치 신하이거나 관료쯤으로 여겨 그들에게 절대적인 충성은 안 한다.

임명을 하거나 세습권을 인정하는 군주의 통치 유형

이와 같이 서로 다른 두 개의 통치 유형은 우리 시대에서 투르크와 프랑스 왕의 경우에서 찾아볼 수 있다.

투르크 왕국은 군주의 독재 정치로 모든 백성들을 그의 지배 아래에 두는 한편, 왕국을 여러 지역으로 분할하고 거기에 행정 관료를 파견했다. 또한 자신의 뜻에 따라 마음대로 자리를 이동시키고 교체시켰다.

그러나 프랑스의 왕은 각기 다른 그곳의 백성들이 인정하고 신뢰하는 제후(지배당하기 전의 지배자)를 통해 지배했다. 그러므로 그 제후(지배당하기 전의 지배자)들은 세습된 특권을 누릴 수가 있었고, 왕은 자기에게 위협이 되지 않는 한 그 특권을 빼앗을 필요가 없는 것이다.

이런 상태에서 이 두 나라를 비교할 때 투르크가 어떤 지역을 점령하기는 어렵다고 하더라도 일단 점령을 하면 그것을 유지하는 데에 있어서 프랑스보다 훨씬 더 수월하다는 것이다.

적국 내의 분열보다 자국의 힘으로 공격

투르크 왕국을 점령하기가 어려운 것은 그 왕국을 통치하는 관료(점령국의 관료)들의 지원을 받기가 어렵고, 왕을 배신한 측근들의 반란과 때를 맞춰 점령한다는 것 또한 불가능하기 때문이다. 그 이유는 위에서 말한 바와 같이 점령을 한 국가의 관료들은 누구나 왕을 따르는 세력으로 좀처럼 그들을 이간시킬 수 없다. 비록 그들을 회유했다고 해도 백성들은 그런 관료들의 뒤를 따르지 않기 때문에 큰 기대는 할 수 없다.

투르크와 같은 왕국을 침공하려면 제삼자의 반란을 기대하기 보다는 오직 자력에 의한 공격이 필요하다. 투르크가 일단 전쟁의 패배로 인하여 군대의 재정비가 불가능할 때 그 왕국의 가문 이외에는 두려울 것이 없다. 일단 그 왕국의 가문을 제거하게 되면 백성들에 대한 지배권이 없으므로 누구든 두려워할 대상은 아니다.

또한 점령자가 승리 이전에 그들 내부와 어떤 결탁이 없는 한, 승리 이후에 그들을 경계할 이유가 없다.

적국 내의 세력을 이용한 침략의 장단점

그러나 프랑스와 같은 나라는 정반대의 일들이 생긴다. 그 왕국의 제후(지배당하기 전의 지배자)들은 군주에 대한 불만을 품는다. 그리고 변화를 원하는 세력들은 나라에 이변이 일어나기를 은근히 바란다.

제후(지배당하기 전의 지배자)들은 그러한 것을 이유삼아 왕국으로 통하는 관문을 열어 주는 것은 물론, 새로운 군주의 성공을 위해서라면 어떤 경우라도 지원을 아끼지 않는다.

그들 중 일부와 내통을 하면 누구라도 손쉽게 그 나라에 침투할 수 있으며 침략의 길도 열 수 있다. 이때 승리는 손쉽게 할 수 있다. 그렇지만 앞에서 말한 바와 같이 완전하게 장악할 수는 없다. 그것은 침략에 동조한 세력과 그들에 의해 진압된 세력간의 수많은 갈등이 지속적으로 발생하기 때문이다.

이런 경우 제후(지배당하기 전의 지배자)의 가문을 제거하는 것만으로 끝나지 않는다. 더군다나 제후(지배당하기 전의 지배자)들이 새로운 파벌의 수장이 되려고 하므로 그런 세력들이 원하는 것을 전부 들어줄 수도 제거할 수도 없다.

마침내 그들에게 원하는 것을 주지 않는다면 곧 배신을 하게 되고 이어서 새로운 군주는 그곳을 잃게 된다.

무장 해제를 통한 통치

다리우스 왕국의 정치적인 형태를 잘 검토해 보면 투르크 왕국이 그와 비슷하다는 것을 알게 될 것이다.

앞에서 말한 이유 때문에 알렉산더 대왕은 우선 그 국가를 전투로 완전 장악한 뒤 그 국가의 군대 해제를 생각했다.

승리를 거둔 후 다리우스 왕이 살해되자 알렉산더 대왕은 위에서 말한 바와 같이 그 나라를 완전히 장악했다. 그때 그 후계자들은 큰 무리없이 이 영토를 보전할 수 있었다. 그들 자신이 일으킨 분쟁 말고는 그 어떤 소란도 없었다.

그러나 프랑스 왕국과 같은 성격의 나라에서는 이처럼 쉽게 영토를 보전할 수 없었다.

에스파냐나 프랑스나 그리스 등은 로마에 끊임없이 대항하며 반란을 일으켰는데 이러한 공국(공의 칭호를 가진 세습 군주가 통치하는 작은 나라)에는 많은 영주들이 있어 그들을 제거하지 않는 한 로마는 그 나라를 완전히 장악할 수 없다. 그렇다고 해도 로마의 오랜 지배 탓에 공국의 주체적인 기억이 희미해졌으므로 로마는 확고 부동한 지배력을 갖게 되었다.

그 후 내분으로 이전의 기득권자가 그 나라를 각기 분할하여 지배하게 되었다. 이때 과거에 그 지역을 지배했던 제후의 가문이 사라지자 오직 로마의 지도자들만이 그 권위를 인정받게 되었다. 이러한 사실에 비추어 알렉산더 대왕이 아시아 지역을 무난히 보전했던 것이다.

그렇다 해도 피로스(B.C. 319~272. 그리스의 작은 왕국인 에페이로스 출신으로 병법과 무술에 능한 장군)를 비롯한 다른 정복자들이 점령한 영토를 보전하기 위해 겪었던 어려움은 경이롭지 않다. 정복자의 능력이 탁월하거나 모자라서 그런 것이 아니라 오히려 정복된 지역의 상황에 달려 있기 때문이다.

** 제5장

점령 국가의 통치는 어떻게 할 것인가

합병된 국가를 통치하는 방법

앞서 말한 바와 같이 기존의 법에 의해 자유롭게 통치되던 나라를 점령하고 유지해 나가는 데에는 세 가지 방법이 있다.

첫째, 그 나라를 완전히 무너뜨리는 것이고,

둘째, 정복자 자신이 직접 그 나라에 살면서 통치하는 것이며,

셋째, 기존의 법을 허용하여 세수를 늘리고 자기 측근으로 하여금 과두 정치(몇몇 사람이 국가의 지배권을 장악한 정치)를 하게 하는

것이다.

이런 정치는 군주에 의해 만들어진 것이므로 군주의 환심을 사거나 힘을 빌리지 않으면 자신들의 권력이 지속될 수 없다. 따라서 그들은 군주의 체제를 유지하기 위해 최선의 노력을 다한다.

그렇다 해도 오랫동안 자유롭게 살아온 도시를 무리없이 다스리려면 그곳의 백성들을 잘 이용하는 것이 최선의 방법이다.

자유롭게 살아온 국가의 통치 방법

스파르타와 로마의 경우가 그 좋은 실례이다. 스파르타는 아테네와 테베를 점령하여 과두 정치를 했지만 그것을 도로 잃었다(아테네와 스파르타: 그리스의 도시 국가〈폴리스〉였던 스파르타와 아테네는 전혀 다른 정치 형태로 발전함. 아테네가 민주 정치를 하는 동안 스파르타는 지배 계급과 피지배 계급으로 나눠 두 명의 왕 밑에 원로원과 평민회를 두고 귀족 정치 또는 과두 정치를 했다.).

로마는 카푸아와 카르타고, 누만티아를 정복한 다음 그들 국가를 다스리기 위해 체제를 완전히 무너뜨렸다. 그 결과 그들 국가를 잃는 일 없이 오래도록 지배했다.

다른 한편으로 로마가 그리스를 손에 넣으려고 할 때, 스파르타를 본받아 귀족에게 권한을 주어 기존 법을 그대로 통치에 적용했다. 그 통치 방법은 성공을 거두지 못했다. 그러자 그 통치 방법을 버리고 지배지 보전을 위해 많은 도시를 파괴했다. 도시를 완전히 무너뜨리는 방법 외에 별 도리가 없었기 때문이다.

자유롭게 사는 도시를 지배할 경우에는 새로운 지배자가 그 도시를 파괴해야 한다. 그렇지 않으면 그 도시에 의해 자기 자신이 파멸된다. 지배자라면 그런 것쯤은 알아야 한다.

세월이 흐르고 새로운 지배자가 선정을 베푼다 해도 반드시 그 도시에 남아 있는 지난날의 자유와 제도를 구실로 반란을 일으킬 수 있다.

따라서 지배자가 아무리 완벽하게 대책을 세운다고 해도 그들을 격리하고 분산시키지 않으면 안 된다.

그들은 언제나 지난날의 자유와 제도에 대한 향수 때문에 기회가 있을 적마다 옛 기억을 더듬거린다.

피사의 경우가 이와 같다. 그들은 백년 동안이나 피렌체의 지배를 받았다. 그런데도 불구하고 기회만 있으면 언제든지 반란을 꾀하려 했다(피렌체와 피사: 13세기 지중해의 해양 국가였던 피사는 1406년 피렌체에 정복당했다. 그러나 15세기 피사는 끊임없이 피렌체로부터의 독립을 시도함).

오래된 군주국과 공화국에 대한 차이

그러나 도시와 국가가 한 군주의 통치에 익숙해지고 동시에 그들의 가문이 존속될 경우에는 잘 복종한다.

그들은 옛 군주를 잃어 군주가 없는 상태에서도 여전히 복종의 습성이 남아 있다. 또한 의견이 분분해 공동으로 새로운 군주를 선출할 수도 없고 자치를 해 나갈 만한 능력도 없다. 그러므로 그들이 반란을 일으킨다는 것은 거의 불가능한 일이다.

그러나 공화국의 경우는 증오심과 복수심이 강하고, 항시 자유로운 지난날의 기억이 되살아나기 때문에 그 충동을 잠재울 수가 없다.

따라서 가장 확실한 방법은 그들을 멸망시키든지, 아니면 군주 자신이 그곳에 살면서 통치를 하는 수밖에 없다.

** 제6장

군주로서의 올바른 몸가짐

현명한 군주가 되는 길

군주와 국가의 새로운 주권에 대하여 서술한 바, 훌륭한 인물을 예로 든다고 해서 새삼스러울 것은 없다.

사람은 항상 남들이 앞서 걸어간 길을 따라가게 마련이며 그들의 행적을 답습한다. 그렇다고 해도 선인들이 만들어 놓은 길을 그대로 지켜 나갈 수는 없는 노릇이다.

또한 스스로 본받으려고 해도 그 위대한 능력에 미칠 수도 없겠지만 현명한 사람들은 언제나 위대한 인물의 뒤를 따라야 하고 그들에게서 배워야 한다.

마치 능숙하게 활을 쏘는 궁사처럼 그가 겨냥하고 있는 목표물이 너무 멀어서 화살이 미치지 못한다고 판단이 설 경우,

그 목표물보다 궁사는 훨씬 더 높은 지점을 겨냥한다. 이는 높은 지점을 화살로 맞히려는 것이 아니라 높은 지점을 겨냥함으로써 목표물을 맞히는 것과 같다.

이와 같이 새로운 군주가 전혀 새롭게 수립된 공국(공의 칭호를 가진 세습 군주가 통치하는 작은 나라)을 다스리며 겪게 될 고난의 정도는 군주의 능력에 따라 달라질 것이다.

특히 평민으로서 입신하여 군주가 된 사람은 그 역량과 행운을 미루어 짐작하고도 남는다. 이 두 가지 중 어느 하나는 커다란 어려움을 극복하는 데 도움이 될 것이다.

그렇다 해도 행운을 바라지 않는 군주가 오히려 자신의 지위를 안정적으로 유지할 수 있다.

더 나아가 군주가 다스려야 할 다른 국가가 없어서 부득이 자기 자신이 정복한 나라를 직접 다스려야 하는 경우라면 심리적 안정에 더욱 도움이 될 것이다.

자신의 힘으로 군주가 된 인물

행운에 의지하지 않고 자신의 힘으로 군주가 된 인물의 경우를 살펴보자. 모세, 키루스(B.C. 590/580~529. 별칭은 키루스 대왕. B.C. 550년경 페르시아의 아케메네스 왕조를 건설한 정복자), 로물루스(로마의 신화에 의하면 아이네아스의 후손으로 늑대의 젖을 먹고 자라 테베레 강가에 나라를 세움), 테세우스(B.C. 1300년경 아테네의 건국 신화에 나오는 인물)와 같은 인물이다. 그들은 가장 존경할 만하다.

모세는 오직 하나님의 명령을 실천에 옮긴 인물이기 때문에 여기에서 언급할 필요가 없다고 생각할지 모른다.

모세는 하나님과 대화를 나눌 정도의 은총을 받았다는 것만으로도 존경할 만하다.

키루스와 같이 왕국을 차지했거나 건국했던 이들을 살펴보면 그들을 누구나 존경하게 될 것이다. 그들의 행적과 제도를 보면 위대한 지도자 모세의 경우와 다를 바가 없다.

그들의 행적이나 생애를 자세히 살펴보면 오직 주어진 기회의 재료를 이용해서 자신들이 원하는 모양으로 만든 것뿐이지 행운으로 얻어낸 것은 없다.

이처럼 그들에게 그러한 기회가 주어지지 않았다면 그들은 정신력을 발휘할 어떤 계기도 없다. 동시에 그 능력이 없었던들 아무리 좋은 계기가 주어진다고 해도 쓸모가 없다.

당시 모세는 이집트에서 노예로 혹사당하고 있던 이스라엘 백성들이 필요했던 것이고(기회), 유대인들은 노예 상태를 벗어나기 위해 그를 따라 나설 준비가 된 것이다(능력).

로몰루스의 경우에도 마찬가지이다. 훗날 로마의 건국은 물론 왕의 자리에 오른 그가 태어나자마자 운명적으로 알바에서 버려져야 했던 것이다.

키루스 왕 역시도 메디아인들의 지배에 불만을 품고 있던 페르시아인들과 오랫동안 평화를 누려 헤이해질 대로 헤이해진 메디아인들이 필요했던 것이다.

테세우스 역시도 유랑 생활을 하는 아테네인이 없었다면 자신의 능력을 보여줄 수 없었을 것이다.

그들에게 주어진 기회는 그들에게 있어 성공할 계기가 된 것이다. 그들의 뛰어난 능력은 그 기회를 잡아 국가를 건설하고 그 국가를 소중히 여겨 번창하게 할 수 있었다.

이러한 인물처럼 자기 자신의 능력으로 국가를 건설한 군주들은 대개가 그렇듯이 무난하게 국가를 유지한다.

국가를 건설하는 과정에서 발생하는 어려움들은 그 국가의 기반을 다지기 위한 필수적인 것이다.

이때 제도와 법을 새롭게 바꾸는 것은 자신의 권력을 보존하기 위한 수단이 된다. 따라서 군주의 새로운 개혁은 정책을 실행하고 관리하는 것보다 훨씬 더 어렵고 힘들어 성공하기가 쉽지 않다.

그것은 구제도 아래서 혜택을 누렸던 저항 세력과, 새로운 제도로 혜택을 볼 사람들이 마지못해 동조 세력으로 남아 있어서 그런 것이다.

그들이 적극적이지 못한 것은 구제도 기득권의 눈치를 살피고, 다른 한편으로는 새로운 제도에 불안감을 갖는 인간 본성의 시기와 의심이 있기 때문이다.

새로운 제도에 적의를 품고 있던 자들은 기회를 노려 적극적으로 반격을 가하고, 새로운 제도를 받아들이는 측은 소극적인 자세로 눈치만 살피게 되므로 군주는 그들과 함께 위기를 맞게 된다.

이에 대한 이야기를 명확하게 하려면 우선 개혁자 자신이 독자적으로 실행하는지, 아니면 남의 힘에 의존하여 실행하는지를 알아야 한다.

즉 자신이 계획을 세우기에 앞서 남의 힘에 의존할 필요가 있는지 아니면 자신의 힘으로도 충분한지를 잘 검토해야 한다. 남의 힘을 빌리는 경우에는 언제나 성과가 미흡하고 또한 성공하기도 어렵다. 하나 자신만의 힘으로도 충분하다면 거의 곤경에 빠지는 일은 없다.

따라서 무장을 한 선지자는 모두 성공하지만 무장을 하지 않은 선지자는 실패를 하는 까닭이 여기에 있는 것이다.

앞에서 말한 것들 외에도 사람의 본성은 상황에 따라 변덕스럽기 때문에 설득하기 쉽지만, 그것을 지키려는 신념은 약하다. 그러니 백성들이 새로운 제도를 믿고 따르지 않을 경우에는 무력으로라도 따르게 해야 한다.

모세를 비롯하여 키루스나 테세우스 그리고 로물루스가 무력이 없었다면 그들이 만든 새로운 체제를 오랫동안 지속하지 못했을 것이다.

이 시대의 신부인 지롤라모 사보나롤라(1452~1498: 이탈리아 르네상스 시대의 그리스도교 설교가이며 종교 개혁자. 그는 기독교 이념에 입각한 공화주의로 많은 개혁을 단행하다 결국 법주청으로부터 1498년 화형당함)는 그가 제정한 새로운 제도를 백성이 더 이상 따르지 않게 되자 몰락해 버렸다. 사보나롤라는 그의 추종자를 지속적으로 따르게 할 방법도, 불만 세력을 따르게 할 방법도 없었던 것이다.

그러기에 집권자들은 개혁에 있어서 어려움을 겪게 된다. 앞에 가로놓인 수많은 위험에 처하게 되는데 이것을 자신의 능력으로 극복해 나가야 한다.

일단 이를 극복한 다음 적대적인 세력을 완전히 제거해 버리면 존경을 받게 된다. 결국 권세와 안정을 찾아 영화를 누리는 지도자로 남게 된다.

자수성가한 시라쿠사의 군주 히에론

　위에서와 같이 잘 알려진 사례들은 이 정도로 하고 잘 알려지지 않은 그 외의 사례를 더 들어 보기로 하겠다.

　이 사례는 위에서 말한 것과 연관성이 있으며 비슷한 사례로 보완적인 성격을 띤다.

　그것은 바로 시라쿠사의 왕인 히에론(B.C. 306~215)의 경우가 그렇다.

　그는 일개 평민으로서 자수성가하여 시라쿠사의 주권자가 되었다.

　그에게는 오직 기회를 포착한 것이지 어떤 요행도 없었다. 다시 말해 시라쿠사인들이 탄압받고 있을 때 그는 지도자로 선출되었을 뿐이지 그것이 그를 군주가 되게 한 것은 아니다.

　그는 일개 평민으로 있을 때에도 능력을 최대한 발휘했는데, 그 누군가가 그를 가리켜 이렇게 표현했다.

　'그에게는 다스릴 나라가 없었던 것이지 능력이 없었던 것은 아니다.'

　그는 기존의 군대를 해체시키고 새로운 군대를 조직했다. 그와 동시에 이웃과 동맹을 체결했다.

　이어서 자기의 군대와 동맹군을 기반으로 조직을 다진 후,

그 기반 위에 튼튼한 나라를 세웠다.

초기에는 그에게도 많은 어려움이 있었지만 기틀이 다져진 뒤로 나라를 보전하는 데에는 큰 어려움이 없었다.

** 제7장

외부의 세력을 끌어들이거나 행운으로 세운 신생 군주국

외부의 도움과 행운으로 세운 신생 군주국의 문제점

평민이 어쩌다가 운이 좋아 군주가 된 경우에 그 자리를 차지하는 것은 그리 어렵지 않지만, 그 자리를 지키기는 만만찮다.

그들은 쉽게 분위기를 타고 승승장구하기 때문에 군주의 자리에 오르기까지는 별로 장애를 받지 않는다. 그러나 그 자리에 오르고 나면 온갖 고난이 기다린다.

전 군주로부터 영토를 사거나 호의에 의해 영토를 넘겨받는 경우인데, 그리스의 이오니아와 헬레스폰투스의 도시 국가들이 그 좋은 예이다.

다리우스 왕은 자신의 권력과 명예를 위해 그들을 여러 도시의 군주로 임명했다(다리우스 1세 B.C. 550~486: 페르시아의 귀족과 장군들을 속국의 샤트라프〈속국을 관리하는 총독〉로 임명하고 점령지에서 왕권을 수호함과 동시에 피정복민의 문화와 전통을 인정하므로써 다민족 국가인 페르시아 제국을 오랫동안 유지했다.). 이와 유사한 예로 타락한 군부를 매수하여 평민에서 대제국의 황제에 오른 경우도 있다.

모두가 운이 좋았거나 혹은 잘 보여서 그들이 주권자로 그 지위에 오른 것이다. 따라서 그 국가를 허용해 준 주권자의 뜻에 따라 좌지우지되는 것은 당연하다. 이런 경우 오래 가지는 못한다.

자신의 지위를 유지하는 방법도 모를 뿐더러 능력도 없다. 그들은 비범한 인물도 아닌 평민으로 살아왔기 때문에 국가를 다스리는 방법도 모른다. 더구나 우호적인 세력도 충성을 다할 세력도 없다. 그러니 나라를 이끌 수 없다.

신생 국가는 어느 날 갑자기 우쭉 자란 식물과 같아서 처음 맞는 악천후에도 뿌리가 흔들려 쉽게 쓰러진다.

갑자기 군주가 된 사람은 그 행운을 유지해 나갈 만한 비책과 능력이 있던지, 다른 사람들이 군주가 되기 전에 준비한 여러 가지 기반적인 요소들을 잘 알아 실행하든지 둘 중 한 가지를 갖추지 않으면 스스로 멸망을 초래한다.

최근에 능력이나 행운에 의해 군주가 된 사례를 두 가지 들어 보겠다. 이때 우리의 기억에 남아 있는 사람은 바로 프란체스코 스포르차(1401~1466: 용병 대장. 밀라노 공작의 딸과 결혼, 1450년 밀라노 공작이 됨)와 체사레 보르자(1475/76~1507: 알렉산데르 6세의 아들)이다.

프란체스코는 적절한 수단(그는 병사로 고용된 밀라노 백성을 기만하고 나중에는 그들의 자유를 빼앗아 군주가 됨)과 뛰어난 재능을 바탕으로 입신양명(사회적으로 인정을 받아 세력이나 이름을 세상에 널리 떨침)했다. 그는 수많은 역경을 뚫고 그 지위를 얻었기 때문에 수월하게 나라를 다스릴 수 있었다.

행운으로 군주가 된 체사레 보르자

프란체스코와 달리 체사레 보르자(프랑스 왕 루이 12세로부터 발렌티누아 공작 칭호를 받았다. 발렌티노는 별명)는 세상에서 발렌티노 공작으로 불리는 인물이다. 그는 아버지의 지원을 받아 지위를 얻었으나 아버지의 지원이 끊기자 그 지위를 몽땅 잃고 말았다.

체사레의 경우는 타인으로부터 제공받은

체사레 보르자

무력(프랑스 왕 루이 12세의 군대)과 행운(아버지 알렉산데르 6세)으로 차지한 영토에 뿌리를 깊게 내리려고 모든 수단과 방법을 가능한 한 동원했다. 그러나 아무리 능력이 있다고 해도 처음부터 충분히 기반을 닦지 못하면 그 터전을 잃게 된다.

앞서 말했듯이 체사레 보르자의 행적을 살펴보면 그는 앞날을 대비해 확고한 준비를 했다. 따라서 신생 군주가 된 사람에게는 이 사람의 경우를 살펴보는 것 이상으로 모범적인 사례는 없을 것이다. 비록 그가 취한 조치들이 성공은 못했다 하더라도 그것이 기이한 것인지 불운한 것이지를 떠나 그 자체를 과실로 돌릴 수는 없다.

알렉산데르 6세와 루이 12세의 지원

교황 알렉산데르 6세는 자신의 아들인 발렌티노(체사레 보르자) 공작을 위대한 인물로 만드는 과정에서 일어날 문제점을 막아야 했다.

그 한 가지 예는 교회를 따르는 국가 외에 그를 군주로 내세울 수가 없었다.

교회에서 따르라고 한들 밀라노 공작(프란체스코 스포르차의 아들 루도비코 스포르차)과 베네치아는 이것을 용인하지 않을 것이다. 파엔자와 리미니는 이미 베네치아의 보호국이 되었다.

그는 이탈리아 군대, 특히 자기가 활용하고자 했던 병력들 대부분이 교황의 세력이 커지는 것을 두려워한 사람들이다.

그들은 오르시니(로마 가문 중의 하나)와 콜론나(로마 가문 중의 하나)를 비롯한 동맹들의 병력을 장악하고 있었다.

이러한 국가들의 영토 중 일부라도 확고히 지키려면 무엇보다도 먼저 그들 국가의 기존 질서를 흔들어 혼란을 부추길 필요가 있었다. 이는 베네치아가 프랑스 군대를 다시 이탈리아로 끌어들이려는 속셈이 드러났기 때문이다.

이때 교황은 그들의 생각에 반대하지 않았을 뿐더러 루이 왕의 첫 번째 결혼을 취소시켜 주는 것으로 그 일을 순조롭게 도왔다. 그리하여 프랑스 왕은 베네치아의 지원과 교황 알렉산데르 6세의 묵인 아래 이탈리아에 진입했다.

프랑스 루이 왕이 밀라노에 진입하자마자 교황은 군대를 지원받아 로마냐의 원정을 계획했다. 이 계획은 프랑스의 힘에 의해 성공을 거두었다.

체사레 보르자(발렌티노)의 두 가지 방해물

발렌티노 공작은 로마냐를 점령하고 콜론나를 제압한 다음 그 점령지를 확고하게 보전하는 한편 영토까지 확장하고 싶었다.

그러나 이때 두 가지 방해물을 만나게 된다. 그 하나는 그의 군대가 충성심이 없다는 것과 또 하나는 프랑스 왕의 속셈을 알 수 없다는 것이다.

덧붙여서 말하자면 그가 지금까지 지휘하고 있던 오르시니의 군대가 그를 따르지 않았고, 점령한 영토마저도 빼앗기지 않을까 하는 걱정이 생겼다.

발렌티노 공작이 이미 파엔차를 점령하고 볼로냐로 진격할 때 오르시니 군대는 소극적인 태도를 취한 것이 그 하나의 증거이다.

또 하나는 프랑스 왕에 대한 우려인데 그가 우르비노 공국을 점령하고 토스카나로 진격했을 때 프랑스 왕은 진격을 포기하도록 종용했다. 이와 같은 사실로 미루어 프랑스 왕의 속셈을 엿볼 수가 있다.

따라서 공작은 더 이상 남의 군대를 요청하거나 행운을 바라서는 안 된다고 생각했다.

여기서 공작은 첫 번째 조치를 취했다. 그가 우선적으로 해야 할 일은 로마에 있는 오르시니와 콜론나의 추종 세력을 약화시키는 일이다.

두 세력의 추종자인 귀족들을 매수하여 자기의 수하로 삼고 그들에게 재물을 넉넉히 주었다. 그런 다음 각자 지위에 맞는 직책을 주었다. 그러자 불과 수개월만에 파벌에 대한 충성심이 사라지고 마침내 공작을 따르게 되었다.

이 시점에서 공작은 콜론나의 추종자를 분산시키고 오르시니의 수장을 제거하기 위해 기회를 엿보았다. 마침내 좋은 기회가 찾아왔으므로 이를 적시에 이용했다.

오르시니의 수장 제거

공작과 교회의 세력이 강력해진다는 것은 오르시니파(오르시니 가의 영주를 중심으로 페르모, 페루자, 시에나, 볼로냐, 우르비노 공국의 보르자 등 반대파)의 파멸을 의미하는 것과 같다는 생각에 수장들은 페루자 지방의 마조네에 모여 회합을 가졌던 것이다.

이것을 계기로 우르비노에서 반란을 일으키고 로마냐에서 폭동을 일으키는 등, 끝없이 위기를 조성했지만 공작은 프랑스의 지원를 받아 이를 모두 평정했다.

공작은 이런 과정을 거치면서 권위를 되찾게 되자, 프랑스는 물론 외부 세력의 지원을 일체 중단했다. 또한 그들에게 정면으로 자극을 주지 않기 위해 하나의 계략을 짜냈다.

즉 그는 자기의 본심을 숨기고 파올로 영주를 내세워 오르시니파의 수장들이 자발적으로 자신과 화해하도록 유도했다.

공작은 파올로의 환심을 사기 위해 정중한 대접은 물론 돈과 비단 그리고 말까지 공물로 주었다. 그 결과 단순한 오르시니파는 세니갈리아에서 공작의 수중(오르시니와 파올로, 그리고 비텔리 등이 밀담을 했다는 구실을 이유로 모두 죽여 버렸다.)에 들어갔다. 그렇게 그는 수장들을 모두 제거하고 그 추종자들을 자기 부하로 삼아 확고한 권력 기반을 다진 것이다.

그가 우르비노나 로마냐의 땅을 수중에 넣게 되자, 로마냐의 백성들은 마침내 공작의 편에 서서 그를 따르게 되고 번영을 누리게 된다.

민심을 사기 위한 체사레의 냉온 정책

그의 정책은 다른 사람에게 좋은 본보기가 되는 것으로 그냥 지나칠 수는 없다. 공작이 로마냐를 점령할 당시 그 지방은 어리석고 연약한 군주의 치하(교황이 영주를 추방하기 전에는 그의 비행으로 인해 죄악이 성행했다.)에 있었다. 그들은 백성을 다스린 것이 아니라, 백성의 것을 약탈했기 때문에 단결은 고사하고 분열만 가중시켰다. 그로 인하여 나라 안에는 도둑이 성행하고 온갖 분쟁이 판을 쳤다.

체사레는 그들에게 평화 유지와 준법을 위해 정의로운 정부가 필요하다는 결론에 도달했다. 그래서 그는 가혹하지만 능력 있는 인물, 레미로 데 오르코(1501년 로마냐 지역을 통치하여 처음에는 백성의 신망을 얻었으나 차츰 민심이 악화되자 체사레에 의해 제거됨)를 등용하여 짧은 시일 내에 그 지역의 단합과 평화를 가져오게 했다. 그 업적은 훌륭한 것이지만 공작은 그에게 너무 큰 권력을 주어서는 안 된다고 생각했다. 그가 단합과 평화를 가져오게 한 것도 사실이지만 그동안 가혹한 조치들로 인하여 백성들의 원성이 높아졌다는 것도 잘 안다.

백성들의 마음을 사기 위해서라도 공작은 그를 법정에 세우는 한편으로 도시마다 유능한 법률가를 파견했다.

이는 그동안에 있었던 가혹한 조치들이 자신의 뜻이 아니라 관리의 잔혹성 때문이라는 것을 보여 주기 위함이다.

그러던 어느 날 아침, 체세나 광장에는 레미로의 잘린 목과 시체가 놓여 있었고 그 옆에는 피묻은 칼이 있었다.

그 참혹한 현장을 목격한 백성들은 마음이 후련하기도 했지만 다른 한편으로는 당혹감을 감추지 못했다.

체사레의 외교 정책

그럼 본론으로 돌아가자. 공작은 원하던 군대를 손에 넣게 되었으며 당면한 위기를 넘겼다. 또한 그를 위협하고 있던 주변의 적대적인 세력을 대부분 제거한 상태인지라 정벌을 계속하기 위해서는 반드시 프랑스 왕의 의도를 알아야만 했다.

여기서 프랑스 왕은 자신의 실책을 뒤늦게 깨달았으므로 공작의 영토 확장 계획에 지원을 하지 않으리라는 것쯤은 확실하게 안다.

공작은 새로운 동맹을 찾는 한편 가에타를 공격하고 있던 에스파냐 군대와 싸우기 위해 나폴리 왕국으로 진격했던 프랑스 왕에게 협력했다. 그렇게 한 것은 그들 세력으로부터 자신을 보호받기 위한 자구책인 셈이다. 만일 교황 알렉산데르 6세가 살아 있었다면 그의 계획은 쉽게 이루어졌을 것이다.

이러한 정책들은 현실을 극복하기 위한 조치였다. 다시 말해 앞날을 기약할 수 없었기 때문이다.

무엇보다도 교회의 승계를 받을 새 교황(율리우스 2세: 재위 1503~1513)이 자신을 우호적으로 보지 않았다. 심지어 교황 알렉산데르 6세가 자신에게 주었던 영토까지도 회수하지나 않을까 걱정할 정도이다. 그런 연유로 다음과 같은 네 가지 대책을 세워 자기 자신을 지키려 했다.

첫째, 옛 통치자의 가문을 제거하여 새 교황이 그들에게 기회를 제공하지 못하도록 할 것이며,

둘째, 앞서 말한 바와 같이 로마의 모든 귀족들을 매수하여 새 교황을 견제하도록 할 것이며,

셋째, 추기경들을 최대한 자기 편으로 끌어들이도록 할 것이며,

넷째, 교황 알렉산데르 6세가 살아 있는 동안 최대한 영토를 넓혀 동맹국의 지원 없이도 적의 공격을 막는 것이다.

　교황 알렉산데르 6세가 죽었을 때 이와 같은 요건을 갖춘 상태였으며 네 번째 일도 착수 중이었다.
　즉 자기가 점령한 영토에서 옛 통치자의 가문 일부를 남기고 대부분 목을 쳤다. 뿐만 아니라 로마 귀족들과 추기경의 대부분을 자기 편으로 끌어들였다.
　영토를 확장하면서 그는 토스카나의 영주가 되려고 일찍부터 페루자와 피옴비노를 수중에 넣고 피사마저 보호 아래에 두었다.
　에스파냐는 이미 프랑스를 나폴리에서 몰아내고 쌍방이 모두 공작과 동맹을 맺어야 할 처지가 되었으므로 프랑스에 대

해서는 염려할 필요가 없었다. 그가 피사를 공격하자 루카와 시에나는 피렌체에 대한 앙심과 두려움 때문에 곧 항복했던 것이고 피렌체는 그것을 막을 아무런 대책도 없었다.

만일 이러한 상황들이 뜻대로 이루어졌다면, 이미 남의 도움을 받지 않고서도 자신의 뜻대로 엄청난 성공을 거두었을 것이다. 또한 막강한 군사력과 명예를 얻어 독립할 수 있었을 것이다.

체사레의 예상치 못한 몰락

그러나 그가 칼을 뽑아든지 불과 5년 만에 교황 알렉산데르 6세는 죽었다. 결국 자신의 아들에게 남겨 준 영토는 로마냐뿐, 그 밖의 지역은 공중에 떠 있었다.

그는 적대적인 두 강대국(프랑스와 에스파냐) 사이에서 어려움을 겪던 중 불치의 병으로 세상을 떠나게 된 것이다.

공작은 매우 강인하면서도 비상한 능력을 갖추고 있었다. 그는 사람을 쓸 줄도 알지만 버릴 줄도 알았다. 비록 짧은 기간 동안 닦은 기반이었지만 견고했다. 그의 건강에 아무런 이상이 없었다면 능히 어려움을 극복해 나갈 수 있었을 것이다.

그가 닦아 놓은 기반이 얼마나 견고했는가는 로마냐의 백성들이 이미 사경을 헤매고 있던 그를 한 달 이상 기다렸다는 사실만으로도 짐작할 수 있다.

로마는 그가 건강이 안 좋다는 것을 알았지만 어떠한 동요의 징후도 없었다. 또한 발리오니와 비텔리를 비롯한 오르시니의 수장들마저 로마를 찾아왔지만 전혀 공작에게 반기를 들 생각이 없었다.

비록 공작이 추천한 인물을 교황으로 세우지는 못했다 해도 최소한 원치 않는 인물이 교황으로 선출되는 것을 막을 만한 힘은 있었을 것이다.

율리우스 2세가 교황으로 선출되고 교황 알렉산데르 6세가 세상을 떠났을 때, 그의 건강이 조금만 좋았던들 모든 일은 잘 되었을 것이라고 공작은 나에게 말했다.

자신의 아버지가 세상을 떠난 후 일어나게 될 모든 상황에 대하여 그 대책을 마련해 두었지만 공교롭게도 그가 아버지와 같은 시기에 죽을 것이라고는 아무도 예상치 못했다.

체사레의 유비무환

공작의 이와 같은 행적을 일일이 돌이켜 볼 때 그를 비난할 것만도 아니다. 오히려 행운에 의해 아니면 남의 힘을 빌어 정권을 잡은 사람들이 그를 본보기로 추천하는 것이 옳다고 생각한다.

진정한 용기와 야심을 갖고 있다 한들 어느 누구도 그보다 더 위대한 일을 성취할 수는 없다. 오직 교황 알렉산데르 6세의 단명(제위 기간: 1492~1503)과 자신의 지병으로 중도에 좌절된 것뿐이다.

새로이 군주국을 차지했을 경우 적들로부터 위협이 될 만한 요소를 제거하는 한편 우호 세력을 만들어야 한다.

어떤 권모술수를 써서라도 적은 제거해야 하고 백성들로부터 사랑을 받되 때로는 두려움의 대상이 되어야 한다.

군부로부터는 복종과 존경을 받아야 하지만 해가 되거나 해로운 낌새가 보이면 그들을 제거해야 한다.

정복 전의 오래된 제도는 정복 후의 새로운 제도로 바꿔야 한다. 또한 충성을 다하지 않는 군인은 제거하고 새로운 인물로 교체해야 한다.

수변의 여러 군주들과 동맹을 맺어 그들로 하여금 흔쾌이 협력을 할 수 있게 하고 쉽사리 배신을 못하게 해야 한다. 이러한 것들의 본보기로 공작의 처신보다 더 훌륭한 것은 없다.

체사레의 잘못된 선택

그러나 그는 율리우스 2세를 교황으로 내세운 것에 대해 비난을 면치 못할 것이다.

이미 앞에서 말한 것처럼, 자신의 뜻에 맞는 교황을 선출할 수는 없다고 치더라도 자신이 원치 않는 인물이 선출되는 것은 막을 수 있었기 때문이다.

그는 자기 때문에 피해를 입은 적이 있거나 교황이 되었을 때 자신을 두려워할 이유가 있는 추기경은 어떤 경우라 해도 추대를 적극 반대했어야 했다.

즉 그가 경계해야 할 만한 사람을 교황으로 추대해서는 안 된다는 말이다. 분명 사람은 두려움이나 증오심 때문에 상대를 해치려 한다.

추기경 중에서도 공작에게 피해를 본 인물로는 산 피에트로 애드 빈쿨라, 콜론나, 산 조르지오, 아스카니오의 경우가 그러하다. 루앙의 추기경과 에스파냐 출신의 추기경을 제외하고 그 밖의 인물들은 모두 교황이 되면 그를 두려워했을 인물들이다.

에스파냐의 추기경은 은혜를 입었으므로 두려워할 필요가 없으며, 프랑스 왕국과 연합하여 세력이 막강해진 루앙의 추기경도 마찬가지이다. 공작은 누구보다도 에스파냐 출신의 추기경을 우선 교황으로 선출했어야 했다.

만일 그것도 안 된다면 산 피에트로 애드 빈쿨라가 아닌 루앙의 추기경도 괜찮다.

높은 자리에 오른 사람에게 새롭게 잘해 주었다고 해서 과거에 입혔던 상처를 깨끗이 잊을 것이라고 믿는 것은 착각이다. 따라서 공작은 교황 선출에 있어서 실수를 했으며 그것으로 인하여 결국은 자신의 파멸을 불렀다.

** 제8장

부정한 방법을 통해 군주가 된 인물

부정하고 사악한 군주의 유형

평민이 입신양명으로 군주가 되려면 두 가지 방법이 있다. 그것을 행운이나 재능쯤으로 여겨서는 안 된다. 그중의 한 가지 방법에 대해서는 공화국을 말할 때보다 더 자세히 말하겠다.

이 두 가지 방법은,

부정하고 사악한 수단을 통해서 군주가 되거나 비록 평민의 한 사람이지만 백성의 지지에 의해 군주가 된 경우이다.

그 첫 번째 방법은 과거의 것이고,

두 번째 방법은 현재의 것이다.

그것을 흉내내는 사람들에겐 이 두 가지 방법으로 충분하기 때문에 현실적인 면에서는 더 이상 언급할 필요가 없다.

미천한 아가토클레스

 시칠리아의 아가토클레스(B.C. 361~289: B.C. 317년에 용병〈마메르티니, 이탈리아 캄파니아 출신의 용병 부대〉을 이끌고 시라쿠사에 들어와 자신의 반대파를 제거하고 스스로 시라쿠사의 왕이 됨. B.C. 289년에 72세로 독살당함)는 서민 계급 가운데서도 가장 낮은 신분으로 출세하여 시라쿠사의 왕이 되었다.

 그는 도공의 아들로 태어나 파란만장한 생애를 보냈다. 그런 그가 영악함과 강인한 체력을 바탕으로 군에 자원 입대한 후, 기질을 십분 발휘하여 마침내 시라쿠사의 사령관이 되었다. 그는 그 권력으로 군주가 되겠다는 결심을 했다. 그리고 그 목적을 달성하기 위해 시칠리아 전투에 참전한 카르타고의 하밀카르에게 자신의 계획을 말하고 협정을 맺어 두었다.

 어느 날 아침 그는 시라쿠사의 중대사를 논의할 것처럼 가장하여 원로와 부호들을 한자리에 불러 모았다. 그리고 미리 준비한 신호에 따라 사병들이 그들을 모조리 죽였다. 그런데도 불구하고 백성들의 저항이 없자 그는 순순히 주권을 잡았다. 비록 카르타고의 군대에 두 차례나 패하고 후퇴 중에 포위를 당하기도 했지만 그는 이것을 무난히 막아냈다. 포위 상태에서도 최소한의 병력을 남겨둔 채 아프리카 본토 공격에 나섰다.

 그는 아주 짧은 시간 내에 시라쿠사를 구하고 카르타고 병사들을 죽음 속으로 몰아넣었다. 그러자 카르타고는 그에게 평화 협정을 제의했고 아프리카를 차지한 것만으로 만족해야 했다.

여기서 아카토클레스는 시칠리아를 넘겨받았다. 아카토클레스의 행적과 일생을 자세히 살펴보면 그에게 행운이란 거의 없었다는 사실을 알게 될 것이다. 즉 위에서 말한 것처럼 그는 전혀 남의 힘을 빌리지 않고 한 걸음 한 걸음 수많은 난관을 헤치고 높은 지위에 올랐다. 용맹하고 위험스러운 행동을 통해 공국(공의 칭호를 가진 세습 군주가 통치하는 작은 나라)을 차지하고 다스렸다.

그가 권력을 얻는 과정에서 백성을 살해하고, 친구를 배반하고, 자비심도 신앙심도 없는 행동을 훌륭한 능력이라고 말할 수는 없다. 이렇게 해서 권력을 잡았다 해도 영광은 얻지 못한다. 다만 위기에 처해 있던 아가토클레스가 수많은 역경을 극복하는 과정에서 적들과 맞서 싸우고 승리를 쟁취해 내는 능력만큼은 누구에게 견주어도 손색이 없다.

그의 잔악하고 비인간적인 소행을 보면 그를 훌륭한 인물들 속에 포함시키기는 어렵다. 하나 그가 성취한 것은 행운이 아니라 능력에 의한 것이다(마키아벨리를 비도덕적인 악의 화신으로 받아들이는 사람들은 이 글귀를 가볍게 흘려서는 안 된다. 다시 말하면 아주 특정한 목적에 있어 남의 처지가 아닌 나의 처지에서 보면 정당화될 수 있다고 말하기 때문이다.).

흉악하고 음탕한 올리베로토

비슷한 예로, 교황 알렉산데르 6세 때인 우리 시대의 인물 페르모의 올리베로토(1501년 12월 페르모를 장악했으나 세니갈리아에서 체사레에 의해 처형됨)는 어려서 아버지를 잃은 후 외숙인 조반니 폴리아니 밑에서 고아로 성장했다.

그는 젊은 시절 파올로 비텔리(피렌체 장군으로서 피사에서 싸운 일이 있는데 1499년 10월에 배신 혐의로 피렌체에서 처형됨)의 휘하에서 훈련을 받은 뒤 군인으로서 장차 높은 지위를 약속받았다.

파올로가 죽자 그의 동생인 비텔로초 밑에서 오랫동안 전쟁에 참전했다.

그는 명석한 두뇌에다 튼튼한 몸과 정신을 바탕으로 단기간 내에 그 부대의 지휘관이 되었다.

그 이후 그는 언제까지나 남의 밑에 있는 것을 굴욕이라고 생각했다.

그는 자유를 원하는 일부 페르모 시민과 비텔로초의 지원을 받아 페르모를 손에 넣기로 마음먹는다.

그는 외숙(어머니의 남자 형제. 외삼촌)인 조반니 폴리아니에게 오랜 만에 정든 고향도 둘러보고 자신에게 상속된 재산두 확인하겠다는 편지를 썼다.

그는 고향을 떠나와 노력한 것은 오직 영광을 얻기 위한 것이라며, 선발한 기병 100명과 함께 당당히 갈 터이니 페르모 시민들도 이 환영 행사에 동참할 것을 제안했다.

그런 행사는 오직 자기만을 위한 것이 아니라 어릴 적부터 자기를 길러 준 외숙의 영광과도 직접 관련이 있다고 덧붙였다.

조반니는 조카가 돌아오는 것에 대한 모든 준비를 끝냈다. 또한 주민들에게도 정중히 환영할 것을 부탁했으며 자신의 저택을 그들의 숙소로 내주었다.

며칠이 지난 후 올리베로토는 비밀리에 음모를 꾸미기 시작했다.

그는 조반니 폴리오니와 페르모의 지도자급을 초대하여 성대한 연회를 베풀었다. 그리고 자신의 계획에 따라 교황 알렉산데르 6세와 그의 아들 체사레의 위대함에 대해 치적을 늘어놓았다. 그러면서 자신이 의도한 대로 문제를 제기했다.

그러자 조반니와 그 밖의 몇몇 사람들이 반문을 했다. 그때 올리베로토는 별안간 자리에서 일어났다.

그가 이런 문제는 은밀한 곳으로 옮겨 논의할 필요가 있다고 말문을 열었다.

올리베로토가 으슥한 방으로 들어가자 조반니와 다른 사람들은 뒤를 따랐다.

그들이 자리에 앉자마자 잠복해 있던 그의 병사들이 기습적으로 조반니를 비롯한 모든 사람을 무참히도 죽여 버렸다.

이 살육이 끝나자 올리베로토는 부하를 거느리고 시내로 말을 몰아 주요 관료들의 저택을 포위했다.

겁에 질린 관료들과 시민들은 어쩔 도리가 없이 그의 명령에 복종하고 그를 군주로 추대하는 새 국가를 세웠다.

그 후 해가 될 만한 불만 세력을 모두 제거한 것은 물론 새로운 통치 제도와 군사 제도를 확립하여 1년 남짓한 기간 내에 페르모 시를 장악했다. 그러니 모든 인접 국가들이 그를 두려워하는 것은 당연했다.

앞에서도 말한 것처럼 체사레가 세니갈리아에서 오르시니와 비텔리의 지도자를 사로잡을 때, 올리베로토가 간계에 빠지지만 않았어도 그를 파멸시키기가 아가토클레스를 쫓아내는 것만큼이나 어려웠을 것이다.

그는 외숙을 살해한지 1년만에 비상한 머리와 흉악함의 스승격인 비텔로초와 함께 교수형에 처해졌다.

잔혹한 행위는 짧게, 선정은 길게

어떤 경우든 지배자들이 잔혹한 수단을 사용했다면 불안정한 전쟁시는 물론 평상시에도 나라를 유지해 나가기가 어려울 것이다.

아가토클레스나 그 밖의 이와 비슷한 인물들이 번번히 배신과 잔혹한 행위를 일삼는 상황에서도 긴 시간 외부의 침략과 백성들의 반란이 없으니 참으로 의아한 일이다.

그것은 잔혹한 수단을 잘 이용하여 악용했기 때문이다. 이때 자신의 신변 보호를 위해 악을 잘 포장한다면 일단 그 잔혹한 수단은 먹힐 것이다.

어떤 이유에서든 (가령 악한 짓에도 잘이란 단어가 필요하다면) 짧게 실행하면 유용한 것이 된다. 그 후로 생각을 바꿔 서서히 백성들에게 선정을 베풀면 평화가 찾아온다.

처음에는 잔혹한 행위를 하지 않았더라도 시간이 흐름에 따라 포악해진다. 그것은 자신의 입장에서 말하는 선을 정당화시키는 것인데 이것이 바로 선을 악용하는 것과 같다.

전자의 방법을 취할 경우에는 신과 사람의 도움을 받아 자신의 처지를 구제받을 수 있다.

가령 아가토클레스의 경우와 같은 것이다. 그러나 후자의 경우는 살아남을 수 없다.

그러므로 한 나라를 탈취한 정복자의 경우, 반드시 신중을 기해 잔혹한 행위는 되풀이하지 않고 단번에 끝내야 한다. 그리고 선정을 베푸는 것으로 민심을 수습해야 한다.

이와 같은 방법을 쓰지 않는 사람은 자기 자신이 비겁해지거나 잘못된 판단으로 인해 결국 칼을 들어야 한다.

백성들은 지속적인 가해 속에 군주를 믿지 못하고 군주 역시 이러한 백성을 신뢰할 수 없다. 그러므로 가해 행위는 일시적으로 짧게 해야 한다.

피해가 적어야 저항도 적은 법이며 선정은 아주 조금씩 서서히 골고루 베풀어야 고마운 마음이 오래간다.

무엇보다 현명한 군주는 좋든 싫든 언제나 백성과 함께 생활을 해야만 예상치 못한 사건에도 신속하게 대처할 수 있다. 그래야만 자신의 통치 방법을 유지할 수 있다.

비상사건을 조기에 막지 못하면 어떠한 처벌도 무의미하며 전에 베푼 어떤 선정도 소용없다. 그것은 평상시의 혜택이므로 조금도 고맙게 여기지 않는다.

** 제9장

서민적인 군주국

호의적인 백성에 의해 군주가 된 유형

일개 평민이 비정상적인 방법을 동원하지 않고도 일반 백성의 호의에 의해 군주가 된다. 이러한 경우를 서민적인 군주국이라 할 수 있다. 여기서 능력 같은 것은 큰 역할을 하지 못하고 오히려 행운에 따르는 영리함이 필요하다. 이러한 형태의 군주국에서는 백성들의 지지나 귀족들의 추대에 의해 군주가 되게 마련이다. 어느 도시나 귀족의 지배와 억압을 원치 않는 백성과, 백성을 지배하고 억압하려는 귀족이 생겨난다. 이처럼 상반되는 두 계층의 성향으로 조만간 그 도시에는 세습적인 정치나 공화 정치 그리고 무정부 상태라는 세 가지 중 한 가지 결과가 발생한다.

군주의 추대 방식 2가지

군주 정치는 백성이나 귀족 중 어느 한쪽이 기회를 잡느냐에 따라 성립된다.

귀족이 백성을 지배할 수 없다고 생각하면 그들은 어느 한쪽 사람을 군주로 추대하고 그들의 뒤에서 자기들의 욕망을 채우려 한다. 이와 마찬가지로 백성측에서도 귀족에 맞설 수 있는 한 사람을 내세워 군주로 추대하고 그로 하여금 보호를 받으려 한다.

여기서 귀족의 추대를 받아서 군주가 된 사람은 백성들에 의해 군주가 된 사람보다 그 권력을 유지하기가 더 어렵다. 그것은 자신과 동급으로 생각하는 무리들이 주변에 많기 때문이다. 그러니 군주는 그들을 마음먹은 대로 통치하거나 다룰 수 없다.

이와 달리 백성의 추대를 받아 군주가 된 사람은 자유로운 입장에 놓이게 될 뿐만 아니라 그 주위에 따르지 않으려는 사람이 거의 없고, 혹시 있다고 해도 극히 소수에 불과하다.

이런 상황에서 군주가 아무리 공정하게 일을 처리한다 해도 귀족들을 만족시키려면 백성들에게 피해가 돌아가게 마련이다. 그렇다 해도 백성들은 이것을 탓하지 않는다. 그런 면에서 백성의 견해가 귀족의 견해보다 대체적로 공정하다.

귀족은 언제나 통제하기를 원하지만 백성들은 그대로 그것을 견디려 한다. 그렇다고 해도 백성의 수가 많기 때문에 군주가 그들을 적대시하면 자신의 지위를 유지하기 어렵다. 반면 귀족을 적대시하는 군주는 백성보다 귀족의 수가 적기 때문에 그만큼 자신의 지위를 유지하기 수월하다.

군주가 백성을 적대시하면 최악의 경우 백성의 지지를 모두 잃게 되어 결국 버림을 받게 된다.

그렇다고 귀족을 적대시하면 단순히 버림받는 것 이상이다. 그들이 연합하면 내몰릴 수도 있다.

그들은 곧잘 앞일을 예상할 뿐더러 교활하기 때문이다. 언제나 자신들이 유리한 쪽으로 기회를 포착하고 승산이 있는 쪽의 편을 든다.

따라서 군주는 늘 자신이 적절하다고 판단되는 시기에 귀족을 만들 수도 취소할 수도 있어야 한다. 즉, 그들에게 권력을 줄 수도 있고 박탈할 수도 있는 힘이 필요하다.

귀족을 움직이는 방법

이러한 점을 보다 명확히 하기 위해 귀족을 두 분류로 나눌 수 있다. 여기서 귀족이 모든 것을 군주의 운명에 맡기는 경우와 그렇지 않은 경우가 그것이다.

이처럼 군주와 한통속이 되어도 탐욕을 부리지 않는 사람은 존경할 만한 존재이다.

군주와 한통속이 되기를 꺼리는 사람은 다음과 같이 두 분류로 나뉜다.

우선 선천적으로 소심해서 용기가 없을 경우인데 군주는 그들을 잘 활용해야 한다. 그들 중에서도 특히 현명한 조언자들은 앞날을 밝게 하고 군주에게 명예를 높여 줄 것이다.

위급한 상황이 닥치더라도 그들을 두려워할 필요는 없다. 그렇다고 해도 그들이 교묘하게 야심을 품고 군주를 따르지 않는다면, 이미 군주보다 그들 자신의 안위를 생각하고 자신만을 소중히 여기는 것이다. 그러니 군주는 항상 이러한 귀족을 경계해야 한다.

그들은 언제든지 자신에게 위급한 상황이 닥치면 모사에 가담할 수 있다.

군주는 백성을 왜 소중히 여겨야 하는가

　백성의 지지를 받아 군주가 된 사람은 그들과 친밀하지 않으면 안 된다. 그들이 바라는 것은 군주가 탄압하지 않는 것이다. 그러니 쉽게 친해질 수 있다.

　한편 백성을 제쳐 두고 귀족의 추대를 받아 군주가 된 사람은 무엇보다도 먼저 백성의 마음을 헤아려야 한다.

　이때 탄압을 받을 것이라고 예상했던 것이 오히려 대접을 받게 되면 그에게 더욱 신뢰를 보내게 된다.

　군주가 민심을 얻는 길은 다양하다. 상황에 따라 달라지므로 딱히 원칙을 제시할 수 없다. 그러니 그 원칙을 말하지 않겠다.

　끝으로 한 가지만 더 언급하고 결론을 지으려 한다.

　군주는 무엇보다도 먼저 백성을 자기편으로 만들어야 한다. 그렇지 않으면 위급한 상황에서 별다른 도움을 받지 못한다.

백성을 기반으로 삼는 군주

스파르타의 군주였던 나비스(재위 B.C. 207~192: 무시무시한 고문 기구를 가지고 귀족의 재산을 몰수한 악명 높은 군주로 노예를 해방시켜 백성들의 지지를 받음)는 그리스의 모든 세력과 막강한 로마군의 공격을 무난히 막아냈다. 그 결과 국가와 자신의 권력을 보전할 수 있었다. 그는 위기 상황에서 몇몇 신하들이 위협 대상으로 떠올랐지만 쉽게 물리치고 로마군을 대적할 수 있었다. 만일 그가 백성들을 적대시하여 등을 돌렸다면 로마군의 공격을 막지 못했을 것이다.

'백성을 기반으로 주권을 잡은 사람은 벌판에 집을 짓는 것과 같다.'라는 케케묵은 격언을 인용해서 나의 견해를 반박하는 사람들이 있을 것이다. 그러나 그것은 온당치 않다.

백성 한 사람이 벌판에 집을 지었을 때 적이나 관료들로부터 핍박을 당했다고 치자, 이 경우 이웃이 자신을 구해 줄 수 없는 상태라고 믿는다면 그럴 수 있다.

예컨대 로마의 그라쿠스 형제(형 티베리우스 그라쿠스: 백성들의 권익을 보호하기 위해 1인당 토지 소유를 제한했다. 그런 다음 남은 토지는 가난한 백성들을 위해 재분배법을 제정하려 했다. 그러나 이를 반대하는 귀족 출신의 원로원 의원들이 일으킨 폭동으로 B.C. 133년에 살해되었다.

동생 가이우스 그라쿠스: B.C. 123년에 호민관이 되었다. 형의 유지를 따라 곡물법을 발표했다. 정부미를 빈농에 싼값으로 팔고, 병역법·배심법 등을 제정하여 국정을 쇄신하려 했다. 이어서 모든 라틴 사람에게 로마의 공민권을 주려다가 결국 원로원과 시민들의 원성을 사게 되자 B.C. 121년에 자살함)나 피렌체의 조르지오 스칼리(부유한 피렌체인으로 평민당을 조직하여 국민당에 대항했다. 그는 투옥된 친구를 구출하기 위해 국민당 사람인 행정관의 집을 습격했다가 백성들의 원성을 사게 되자 실각함)가 그랬듯이 종종 자신이 백성들에게 기만당했다는 사실을 우리에게 입증해 보이는 경우도 있다.

백성들을 지지 기반으로 그들을 통치하는 과정에서 위기를 맞았을 때에는 당황하지 말고 단호히 대처해야 한다. 그런 후에 백성들의 사기를 북돋우어 주면 백성들에게 기만당하는 일은 없을 것이다. 뿐만 아니라 자기 자신도 확고한 기반 위에 서 있음을 깨닫게 된다.

관료들이 일을 처리하는 국가의 문제점

이러한 형태의 군주국은 시민 정치에서 전제 정치로 바뀔 때 커다란 위험에 직면한다. 이는 군주가 직접 나라를 다스리거나 여러 각료들을 시켜서 나라를 다스리기 때문이다. 더군다나 관료들을 시켜서 나라를 다스릴 경우에는 한층 더 위험하다.

국가는 백성들의 지지를 받아서 이루어지고 관료는 백성이 뽑기 때문에 일단 위급한 상황에 처하면 관료들은 공개적으로 반란을 일으키거나 군주에게 불복하는 방법으로 쉽사리 정부를 뒤엎을 수 있다.

이런 위급한 상황에서 군주는 자기의 절대적인 통치권을 행사할 수 없다.

평소에 관료들의 지시에 길들여진 백성들이 위급한 상황에 처하게 되면 군주의 지시에 복종하려 들지 않는 것은 어느 경우든 마찬가지이다.

위급한 상황이 되면 군주는 믿을 만한 사람이 별로 없다는 것을 깨닫게 될 것이다. 이러한 군주는 평소에 듣고 본 것을 믿어서는 안 된다.

평소에는 누구나 위급한 상황이 아니기 때문에 국가의 요구를 인정하는 것은 물론 모두가 군주를 위해 충성하고 죽음도 불사할 것처럼 보인다. 그러나 그것은 자기들에게 위험이 미치지 않는 범위 내에서만 가능하다.

국가가 위급한 상황에 처해 진정 백성들의 희생이 절실히 요구될 때 그들은 거의 찾아보기 힘들다. 이러한 경우는 처음이나 마지막에 당하는 것이므로 더욱 위태로운 것이다.

그러니 현명한 군수는 어느 때를 막론하고 백성들이 국가와 군주에 대한 필요성을 느낄 만한 대책이 마련되어야 한다.

** 제10장

자립을 위한 군사력

군주의 자주 국방

군주 국가의 성격을 분석할 때 생각해야 할 문제가 또 하나 있다. 그것은 군주 자신이 필요에 따라서 스스로 방어할 능력이 있는가, 아니면 언제나 남의 힘을 빌려 방어해야 하는가.

이 부분을 좀 더 명확히 밝히기 위해 나는 다음과 같이 서술하려 한다.

즉 충분한 인적 자원과 물적 자원을 기반으로 그 어떠한 침략자라도 능히 막을 수 있다면 이것이 국가를 지키는 길이다. 그러나 적과 상대할 능력이 없어 수비만 할 처지라면 늘 남의 힘을 빌려야 한다.

전자의 경우에는 이미 말을 했기 때문에 더 필요한 것이 있다면 나중에 언급하기로 하고 후자의 경우를 말하겠다.

이러한 군주에게 내가 해 줄 말은 오직 그 성안을 견고히 하고 성밖은 신경 쓰지 않는 것이 좋다.

자기가 다스리는 구역 내에 성을 쌓고(12세기까지는 자기 구역 내에 성곽을 반드시 구축) 식량을 넉넉히 비축함과 동시에 신하를 잘 관리하면 적으로부터 쉽게 공격당하지 않을 것이다. 그것은 군주가 그 구역 내에 튼튼한 성을 쌓고 백성들로부터 원성을 사지 않는 한 그를 함부로 공격할 수 없기 때문이다.

독일 도시 국가의 방어 전략

독일의 여러 도시들은 주변으로 영토가 거의 없지만 매우 자유스럽다(마키아벨리는 1507년 막시미리아노 황제를 만나기 위해 사신으로 간 적이 있다.). 그들 자신은 필요할 때에만 황제에게 복종한다. 따라서 그들은 황제나 주변의 세력을 두려워하지 않는다.

독일의 여러 도시들은 주변의 그 어떤 세력들이 점령하려 해도 시간과 어려움이 따를 정도로 성이 잘 구축되어 있다. 다시 말해 도시들은 모두 방어용 하천과 성벽으로 둘러싸여 있다. 그들에게는 충분한 화포와 1년 치 분량의 식량, 식수, 연료가 비축되어 있다.

무엇보다 백성들이 식량 부족에 시달리지 않도록 배려하고, 누구나 안심하고 일할 수 있도록 1년 치 분량의 원자재를 비축한 상태에서 일자리를 제공한다. 이런 준비는 일상생활의 필수 조건이 되며 생계 유지의 수단이 된다.

이와 같이 만전을 기하면 군주는 백성들의 원성을 사지 않는 한 외부로부터 적의 공격을 거의 받지 않는다. 만약 적이 공격해 오더라도 반드시 패배하게 마련이다.

군주와 백성의 유대 관계

그런데 1년씩이나 적에게 포위된 상태로 지루한 나날을 보낸다면 어느 누구라도 감당하기 어려운 일이다.

성밖에 있는 자신들의 재산이 모두 파괴될 것이라는 생각에 인내심을 잃을 수도 있다. 이런 상태가 되면 백성들은 이기적인 마음이 생겨 결국 군주를 버리게 될 것이라고 어떤 사람은 말한다.

나는 이런 사람들에게 이렇게 말하고 싶다. 즉 유능하고 용감한 군주라면 백성들에게 이런 고난은 오래 지속되지 않을 것이라는 희망을 북돋아 준다. 다른 한편으로 말솜씨가 좋은 사람을 시켜 적의 잔혹함을 전한다. 그러면 백성들은 두려움을 연상하게 되고 그 결과 적의 공격으로부터 성을 지키겠다는 각오가 대단해질 것이다.

이때 전쟁이 시작되면 적군이 성밖의 지역들을 파괴하고 약탈하기 전에 그 지역부터 우선적으로 불을 질러야 한다.

비록 민심이 요동치더라도 며칠이 지나게 되면 백성들은 흥분을 가라앉힌다. 전란 중의 손실은 불가피한 것으로 여겨 이내 체념하게 된다.

그렇게 되면 군주는 한결 위기감에서 벗어날 수 있다. 이때 군주가 이런 상황에서 왜 백성들의 집과 재산을 불태웠는지 그 이유를 알게 되면 곧 군주를 중심으로 뭉치게 된다.

사람의 본성은 받았던 은혜와 마찬가지로 베푼 은혜에 의해서도 결속하기 마련이다.

이와 같은 사실들을 참작하여 적에게 포위되었을 경우, 충분한 식량을 군주가 마련하고 방어를 튼튼히 한다면 백성들의 사기는 크게 염려할 것이 못 된다.

** 제11장

종교적 주권

종교적 제도에 의해 유지되는 군주국

여기서는 종교적인 군주국에 대하여 알아보자. 이 군주국은 주권을 잡기 전에 문제가 발생한다. 그럴 수 밖에 없다. 그것은 주권을 잡기 위한 능력과 행운이 통하지 않기 때문이다. 따라서 이 두 가지(능력과 행운)는 필요없다.

이런 국가들은 오랫동안 전해 내려온 종교적 제도를 근간으로 유지된다. 따라서 군주의 그 어떤 처신과도 무관하게 자신들의 권력을 유지하는 데에 있어서 절대적이다.

오직 군주만이 주권을 소유하지만 영토에 대해 방어할 필요도 없고 백성들이 있지만 다스릴 필요도 없다.

국가는 방어를 하지 않아도 국가를 뺏기지 않으며 백성들은 통치를 받지 않아도 이탈하는 법이 없다. 그것은 그들이 저항할 의사도 없을 뿐더러 능력도 없기 때문이다. 이런 군주국은 안정적이고 무난하다.

이와 같은 군주 국가는 인간의 힘으로는 도달할 수 없는 초법적인 절대자의 권능에 의해 보호되므로 나는 여기에 대한 언급을 피하려 한다.

왜냐하면 절대적인 신에 의해 이루어지고 유지되는 국가를 언급한다는 것은 일종의 월권 행위이며 어리석은 짓이기 때문이다.

교황 알렉산데르 6세 이전까지는 이탈리아의 제후들, 즉 실세 권력자나 세력이 미약한 권력자나 교회의 세속적인 권리를 경시해 왔다. 그럼에도 불구하고 어떻게 교회의 세속적 권력이 강해졌는지, 오늘날 프랑스 왕도 교회를 두려워하기 이르렀는데 이것에 대해 의아해 할 것이다.

교회는 끝내 프랑스 왕을 이탈리아에서 추방한 것은 물론 베네치아도 몰락시켰다(교황 율리우스 2세는 베네치아를 공격하기 위해 이웃〈프랑스와 에스파냐, 신성로마제국 황제 등.〉과 캉브레 동맹을 맺어 그 목적을 달성했다.). 그런데 그것이 어떻게 된 영문인지 묻는 사람도 있을 것이다. 이 사건이야 널리 알려진 것이지만 다시 생각해 보는 것도 좋을 듯하다.

교황 알렉산데르 6세를 계기로 강화된 교회 세력

프랑스의 샤를 왕이 이탈리아에 침입하기 전에(프랑스 샤를 8세의 이탈리아 침입은 역사상의 일대 변혁기로, 기근과 질병이 극심해 국체나 정예, 전술까지도 싹 바뀜) 이탈리아는 교황과 베네치아인, 나폴리, 밀라노, 피렌체가 통치했다.

이 권력 집단에는 두 가지 중요한 걱정거리가 있었다. 그중 하나는 외부 세력이 군대를 이끌고 이탈리아에 침입해 오지 않을까 하는 것과, 이 권력 집단의 어느 한쪽이 영토를 확장하지 않을까 하는 것이다.

그중에서도 가장 염려되는 세력은 바로 교황과 베네치아로, 페라라(베네치아는 그 세력을 확대하려고 페라라를 노려 교황 식스투스와 결탁함)의 방어전에서 볼 수 있듯이 베네치아를 견제하기 위해 다른 모든 국가와 동맹을 맺는 것이 필요했다. 그때 교황을 견제하기 위해 로마의 귀족들을 이용했는데 귀족들은 오르시니와 콜론나로 갈려 사사건건 대립하고 있는 상태이다.

그들은 언제나 교황 앞에서도 무기를 들고 다닐 만큼 교황의 권위를 실추시켜 불안케 만들었다. 식스투스 4세(1414~1484: 본명은 프란체스코 델라 로베레. 재위 기간〈1471~1484〉이 다른 교황에 비해 짧지만 교황권을 확대시킨 것으로 유명함)와 같은 교황도 있었지만 그의 행운이나 능력도 이런 불경스러움에서 벗어날 수가 없었다.

교황의 재위 기간이 짧은 이유도 여기에 있다. 즉 교황이 평균 10년 정도뿐이 자리를 보존하지 못한다면 이 기간이 짧기 때문에 어느 한 당파도 제거하기 어렵다. 어떤 교황이 설령 콜론나파를 제거했다고 해도, 그사이 오르시니파를 적대시하는 새로운 교황이 즉위하면 오르시니파를 제거하기도 전에 콜론나파가 다시 권력을 회복하게 되는 경우가 생긴다. 그러니 어느 한쪽을 제거하기에는 시간이 너무 짧다.

때문에 이탈리아에서는 교황의 권력을 두려워하지 않는다. 그런 상황에서도 교황 알렉산데르 6세는 그 어떤 교황보다 경제력과 군사력을 앞세워 교황의 권력을 완전히 과시했다. 일찍이 그와 같은 인물은 유례를 찾아볼 수 없다.

그는 프랑스 군대가 이탈리아에 침입한 것을 빌미로 발렌티노 공작을 전면에 두고 모든 것을 이루어냈다. 그의 의도는 교회의 권한을 확장시키는 것이 아니라 공작의 세력을 증대시키는 데 있었다. 그렇지만 결과적으로 교회 세력을 증강시켰다.

교황이 죽고 발렌티노 공작이 몰락한 후, 그의 노력이 고스란히 교회로 돌아갔으니 교회는 당연히 강해질 수 뿐이 없는 것이다.

교황 율리우스 2세의 치적

그 후 율리우스가 교황으로 즉위했을 무렵 교회가 로마 전체를 장악하고 있었다.

교황 알렉산데르 6세의 조치로 파벌들이 몰락한 상태에서 로마 귀족들은 무력화되었고 교회 세력은 막강해졌다.

이때 교황 율리우스는 알렉산데르 6세나 전 교황들이 시도하지도 못했던 방법으로 재산을 축적했다.

교황 율리우스 2세

그는 한걸음 더 나아가서 밖으로는 볼로냐를 점령하고 베네치아를 타도했다. 이어서 프랑스 군대를 이탈리아에서 몰아냈다. 안으로는 오르시니와 콜론나의 두 계파를 줄곧 무력한 상태로 유지시켰다.

이런 과정에서 그가 사리사욕을 꾀한 것이 아니라 교회 세력을 신장시키기 위해 노력한 점은 칭송할 만하다.

그들 세력(오르시니와 콜론나의 두 계파) 중에는 상황을 변화시키려 했지만 다음 두 가지 요인이 그들의 뜻을 이루지 못하게 작용했다.

그중 한 가지는 교회의 강력한 세력을 두려워한 것이다. 다른 한 가지는 그들이 자신들만을 위한 추기경을 내세우면 파벌로 이어져 내부 혼란이 있을까 염려한 것이다.

추기경을 선출할 때에는 반드시 갈등이 일어났다. 그럴 수밖에 없었다. 추기경들은 언제나 안팎으로 파벌을 만들고 귀족들은 저마다 자신들이 속한 파벌을 지지할 수밖에 없었기 때문이다.

이와 같이 귀족들 간의 모든 알력과 분쟁은 야심을 가지고 있는 고위 성직자들에 의해 비롯된다.

그런 이유로 교황 레오 10세는 지금과 같은 강력한 힘을 가지게 되었다.

예컨대 선대 교황들이 무력에 의해 위대한 교황이 되었다면 교황 레오 10세는 타고난 성품과 선정을 통해 교회를 번성하게 했다. 그것으로 인해 존경받는 위대한 교황이 될 수 있었던 것이다.

교황 레오 10세

** 제12장

군대 문제와 용병

국가의 근간이 되는 훌륭한 법률과 군대

지금껏 주권의 특성을 자세히 말했다. 군주국들의 번영과 멸망에 대해서도 다루었다. 또한 군주국이 되기 위해 활용했던 방법을 사례로 제시했다.

여기서는 군주들이 명심해야 할 공격과 방어의 수단에 대해 말하겠다.

군주는 누구라도 먼저 튼튼한 기반을 다지지 않으면 필연적으로 멸망한다는 것을 여러 차례 강조했다.

오래된 국가든, 신생 국가든, 또는 연방 국가든 간에 모든 국가의 기반은 훌륭한 법률과 강한 군대에 있다.

훌륭한 군대가 없었다면 훌륭한 법을 갖출 수도 없다. 그러므로 훌륭한 군대가 있는 곳에는 훌륭한 법이 생기게 마련이다. 여기서 법 문제는 나중에 언급하기로 하고 군사 문제만 언급하기로 하겠다.

용병으로 인해 곤혹을 치룬 이탈리아

　군주가 영토를 지키는 데는 자국의 병사로 구성된 군대이거나 용병, 또는 지원군, 혹은 연합군이 필요하다.

　여기서 용병과 지원군은 전혀 쓸모없는 것으로 이들을 기반으로 영토를 지키는 국가는 안정되지 못하고 튼튼하지도 못하다. 그런 군대는 단결력이 약할 뿐더러 야심이 많아 규율이 문란하고 충성심이 별로 없다. 아군들과 같이 있으면 용감한데 적군과 마주치면 비겁하기 짝없다. 또한 그들은 신을 두려워할 줄 모르며 의리도 없다.

　그런 군대를 이끌고 있는 군주는 적군이 공격해 들어오지 않을 경우에만 파멸에서 벗어날 수 있다.

　평화가 지속될 때에는 용병에게 시달리고 선시에는 적군에게 시달린다. 이와 같온 일이 발생하는 것은 군주에 대한 충성심 보다는 오직 몇 푼 안 되는 보수 때문이다. 그러니 그들은 전쟁에서 목숨을 내걸고 싸울 이유나 동기가 없다.

　결국 용병이란 평화가 지속될 때에는 거의 아군이지만 일단 전쟁이 벌어지면 도망치게 마련이다.

이탈리아가 패망한 것은 너무 오랫동안 용병에 의존한 탓이다. 이와 같은 원인을 찾는 데에는 별반 노력이 필요없다.

간혹 이 용병들은 어느 일부 지도자에게는 많은 도움이 되었고 또 다른 용병들과의 싸움에서는 상당히 용맹함을 보이기도 했다. 그러나 정작 적군이 이탈리아를 공격하면서부터 그들은 현재 우리가 알고 있는 것과 같은 그대로의 실체를 드러냈다. 그런 연유로 프랑스의 샤를 왕은 백묵 하나로 능히 이탈리아를 점령할 수 있었던 것이다(교황 알렉산데르 6세가 처음 언급한 것으로 아무런 저항도 받지 않았다는 것을 비유적으로 표현한 것임).

그 원인은 오직 이탈리아에 있었다고 말하는 사람이 있는데 이것은 사실이다. 이런 잘못은 용병을 믿었다는데 그 이유가 있는 것이 아니다. 용병이란 그럴 수 밖에 없는 존재라는 점에 있다. 따라서 그 원인은 군주에게 있으므로 그는 당연히 책임을 져야 한다(프랑스 왕 샤를 8세의 군대가 1494년 알프스를 넘어 롬바르디아, 베네치아에 이르는 동안 교황청에서는 그 어떤 조치도 없었다. 따라서 그들은 쉽게 피사를 점령했으며, 11월 피렌체에 입성할 때에는 피렌체의 해방군으로 대접을 받았다.).

자주 국방과 국가의 평화

나는 이와 같은 형태의 용병을 왜 믿어서는 안 되는지 그 점에 관한 설명을 하려 한다.

용병 장군들은 대부분 유능한 군인이 아니면 무능한 군인이다. 만일 유능한 군인이라면 경계를 해야 한다. 그런 인물들은 고용주인 군주를 압박하거나 군주의 뜻을 거스르고 타인을 공격하여 자기가 원하는 세력을 얻고자 한다. 그러니 신뢰해서는 안 된다. 그와 반대로 무능한 군인이라면 군주는 당연히 멸망하게 된다.

이것은 비단 용병에게서만 볼 수 있는 것이 아니라 어느 군대에서나 흔히 있을 수 있는 일이라고 반론을 제기한다면 나는 이렇게 말할 것이다. 군대는 군주나 공화국에 의해 직접 통제되어야만 한다는 사실을 근거로 반박하겠다.

전쟁에 나간 군주는 스스로 전투를 지휘 감독해야 한다. 그리고 지휘관은 자국민 중에서 임명하여 파견해야 하는데 만일 그가 무능하다면 교체해야 하고 유능하다면 월권 행위를 못하도록 법으로써 견제해야 한다.

경험에 의하면 자국의 군대를 보유한 군주나 공화국은 용병에 의존하는 나라에 비해 외부로부터 손쉽게 흔들리지 않을 뿐더러 크게 성공을 거둔다.

한 예로 로마와 스파르타는 무장을 튼튼하여 오랫동안 안정을 지속할 수 있었고, 스위스는 체계화된 군대를 보유하고 있어 백성들이 자유롭게 생활을 할 수 있었다.

용병들의 횡포

용병을 끌어들인 고대의 예를 살펴보자. 카르타고는 용병 대장들을 자국민으로 임명했음에도 불구하고 로마와의 첫 번째 전쟁(세 차례 전쟁 중 제1차 포에니 전쟁⟨BC 264~241⟩)이 끝난 후, 용병에 의해 거의 정복당할 처지에 이르렀다.

테베는 에파미논다스가 죽은 후에 마케도니아의 필리포스를 자국의 장군으로 추대했다. 그 결과 전쟁에서 승리를 거두기는 했지만 그(필리포스)가 테베의 독립권을 인정하지 않았다(B.C. 338년 카이로네아 전투에서 승리한 후 필리포스는 테베에 마케도니아 군대를 주둔시킴).

밀라노에서는 필리포 공작이 죽자 프란체스코 스포르차를 장군으로 고용하여 베네치아를 쳐부셨지만(1449년 밀라노가 스포르차를 배제하고 베네치아와 평화 조약을 맺자 스포르차는 여기에 불만을 품고 밀라노를 점령함), 스포르차는 베네치아와 연합하여 자신을 고용했던 밀라노를 공격했다. 그의 부친 스포르차는 본래 나폴리의 조반나 여왕이 고용한 장군인데, 갑작스럽게 그는 여왕을 배신하고 군대의 무장 해제를 요구했다. 여기서 여왕은 나폴리를 지키기 위해 어쩔 수 없이 아라곤 왕에게 항복했다(스포르차가 조반나 여왕〈1414~1435〉에게 반기를 든 것은 1426년의 일이다. 그녀는 부친의 사후 왕위 계승 문제로 부군과 불화가 계속되었는데, 용병 대장인 스포르차가 배신했으므로 아라곤의 왕인 알폰소 5세와 타협하여 왕의 자리를 이양하고 그의 보호를 받기로 했다.).

용병 대장의 처지와 그에 따른 군주의 행운

이와는 달리 베네치아와 피렌체가 용병의 힘으로 영토를 확장했던 것은 용병 장군들이 스스로 군주 자리를 넘보지 않고 영토를 굳게 지켜 주었기 때문에 가능한 일이다. 이 또한 피렌체의 행운이었다.

이들은 승리를 거두지 못한 경우와 반란을 두려워한 경우, 그 밖의 경우에 의해 다른 지역으로 눈을 돌렸기 때문이다.

가령 승전보를 전해 주지 못한 존 호크우드 장군(이탈리아에서는 조반나 아쿠토로 통함)이 좋은 예이다. 전투에서 공적이 없었기 망정이지 그가 전공을 세웠던들 피렌체는 그의 지배 아래 들어가게 되었을 것이다.

스포르차 가문은 언제나 브라체시 가문(브라치오 다 몬토네가 이끌던 용병군. 나폴리의 여왕 조반나가 고용한 용병군 스포르차와 적대적 관계임)과 적대적 관계에 있으므로 서로를 견제했다. 또한 프란체스코는 자신의 야망을 채우기 위해 롬바르디아로 갔고, 브라치오는 교회와 나폴리 왕국에 눈독을 들이고 있었다.

얼마 전 일어난 사건을 상기해 보자. 피렌체는 파올로 비텔리를 장군으로 고용했다. 이 사람은 평민 출신으로 출세하여 명성을 얻은 유능한 인물이다.

만일 그가 피사를 점령했다면 피렌체는 그와의 관계를 계속 유지했을 것이다. 바꾸어 말해 적군의 용병으로 고용되었다면 피렌체는 속수 무책으로 당했을 것이다. 또한 그에게 현재의 지위가 유지되었을 경우에도 결국 피렌체 스스로 방어할 능력이 없으므로 그에게 무릎을 꿇었을 것이다.

용병으로 피해를 본 베네치아

베네치아의 공적을 살펴보면 이탈리아 내륙에서 자국의 군대만으로 전쟁을 치르는 동안에는 안정적이면서도 지속적인 발전이 가능했다.

그것은 귀족과 백성으로 편성된 군대가 빛나는 전과를 올렸기 때문이다. 그런데 본토에서 전쟁을 치르게 되자 그들은 기존의 전략을 포기하고 이탈리아 방식을 따른 것이다.

베네치아는 처음 내륙의 영토를 확장해 나갈 무렵이라 합병한 영토도 별로 없었고 그 당시에 명성을 떨치고 있었던 터라 용병 따위는 그다지 두려운 존재가 아니었다.

그러나 카르미뇰라의 지휘 아래 추진된 영토 확장이 가시화되자 그들은 비로소 자신들의 판단이 잘못되었다는 것을 깨닫게 되었다.

베네치아는 그의 지휘 아래 밀라노를 무찔렀기 때문에 그가 매우 유능한 장군임을 알게 된 반면, 그가 전쟁에 있어서 매우 냉담한 태도를 취한 것과 동시에 전력을 다하지 않았다는 사실도 알게 되었다.

카르미뇰라(밀라노 공작 비스콘티와 내통한 혐의로 베네치아 공화국에 의해 처형된 베네치아 군인)는 전쟁에 대한 의욕이 없기 때문에 그를 이용한 정복은 한계가 있다고 판단했다. 그러나 그동안에 차지한 영토를 보존하기 위해서는 그를 해고할 수가 없고,

그렇다고 그를 정복에 참여시킬 수도 없었기 때문에 베네치아는 자신들의 안전을 도모하기 위해 그를 죽일 수 밖에 없었다.

그가 죽은 후에 바르톨로메오 데 베르가모(베네치아를 위해 싸운 용병 대장, 1475년에 사망)를 비롯해서 로베르토 다 산 세베리노(베네치아의 장군, 1487년 오스트리아와의 싸움에서 전사), 피티글리아노(베네치아의 장군으로서 바일라 전쟁에 참가. 1487년 사망) 백작들을 용병으로 기용했으나, 이 장군들의 경우 훗날 바일라 전투에서 발생한 것처럼(1509년 바일라와 아그나델로에서 베네치아는 프랑스 군에게 대패했음) 새로운 영토의 점령보다는 기존의 영토를 잃지나 않을까 하는 불안에 떨어야 했다.

그것도 그럴 것이 바일라에서는 800여 년 동안(697~1509)에 걸쳐 다스려 온 영토를 단 한 번의 전투로 잃게 되었기 때문이다.

상황이 긴박하지 않을 경우 용병은 그다지 중요하지 않으며 영토 또한 얻기가 쉽다. 그러나 그렇지 않은 경우에는 그것을 순간적으로 잃게 된다.

용병 제도의 문제점과 해결책

　오랫동안 용병의 힘으로 유지해 온 이탈리아의 문제점에 있어서 이 용병 제도의 기원과 발전 과정을 살피면 보다 더 쉽게 해결책을 찾을 수가 있다.

　여기서 우리가 명심해야 할 것은 근래에 황제의 권한이 약화되고 교황의 세속적 권력이 강화되기 시작하자 이탈리아가 여러 국가로 분열되었다는 사실이다. 전에는 황제의 지원으로 귀족들이 백성들을 통제해 왔다. 그런데 백성들은 그들에게 저항을 시작했다.

　이것은 교회가 세속적인 권력을 확장하기 위해 이러한 반란을 조장했기 때문이다. 따라서 대부분의 많은 도시들은 군대를 갖추게 되었으며 백성들이 군주가 된 상태에서 교회는 그들과 손을 잡고 세속적 권력을 강화해 나갔다.

　그 결과 이탈리아는 교회의 수중에 들어가게 되었고 일부 도시는 공화국에 예속되었다.

　새 군주나 교회의 성직자들은 군대의 지휘 경험이 거의 없는 터라 불가피하게 용병들을 고용하기 시작했다.

　맨 처음 용병에게 권한을 부여한 사람은 로마냐의 알베리고 다 쿠니오(14세기 후반, 이탈리아 내란이 심할 무렵 그는 사방에 흩어진 이탈리아군을 모아 이탈리아인 용병제를 만들었다.)였다. 그의 훈련을 받은 사람들 가운데 특히 브라치오와 스포르차가 유명하며, 그 당시에는 두 사람 모두 이탈리아의 사령관이었다. 그 후 오늘에 이르기까지 용병 장군들이 이탈리아의 군대를 지휘하게 된 것이다.

이탈리아의 용병이 보여 준 용맹의 결과는(프랑스 왕이 영·독·서와 화해하고 1494년 3월 이탈리아에 침입, 6만의 정예군을 이끌고 알프스를 넘어 파죽지세로 남하했다. 이에 앞서 피렌체의 피에로는 왕에게 굴복해 요새를 내주고 많은 배상금을 약속했다. 그러자 피렌체 시민들이 항거하여 피에로를 추방하고 사전에 힘을 써서 화해가 성립되었다.) 샤를 왕에게 유린되고(프랑스 왕 루이 12세가 베네치아와 동맹하여 밀라노를 점령하자, 시민들은 이에 불복하고 전 주인 모로를 받들어 항전에 힘썼으나 스위스의 배신으로 패망했다. 결국 모로는 체포되어 변사를 당하고 이탈리아는 다시 프랑스와 스페인의 연합군에 유린되었다.), 루이 왕에게 약탈을 당했으며(에스파냐 왕 페르난도는 권모술수에 능해 샤를 8세가 나폴리를 점령하였을 때〈1495〉에 나폴리를 도와 프랑스를 구출한 것이 이탈리아 침략의 계기가 되었다. 1500년 루이 왕과 화해하고 나폴리를 분할한 다음 두 침략자들 사이를 이간시켜 프랑스의 세력을 추방. 후에 독·불·교황들과 모의하여 베네치아를 분할시키고 나폴리를 점령함), 페르난도의 말발굽에 짓밟히고 스위스에 굴욕을 당했던 것이다.

기병에 의존한 용병들

그들은 언제나 자기의 명성을 떨치기 위해 우선 보병의 장점을 외면했다. 즉 용병 대장은 영토가 없고 봉급이 전부인지라 많은 병력을 거느릴 수가 없다.

그들은 얼마 안 되는 병력만으로 원하는 세력을 확보할 수 없었기 때문에 일정 규모의 기병으로 자신의 품위를 유지하고 존경받을 수 있는 기병에 의존했다. 전체 규모 2만 명 중에 보병은 겨우 2천 명에 불과한 상황이 벌어진 것이다.

특히 그들은 온갖 수단을 강구하여 자신과 병사들에게 닥칠 고난과 위험을 최소화하려 했다.

전투에서 서로가 생포한 병사를 몸값 없이도 풀어 주고 밤에는 도시나 성을 공격하지 않으며, 도시를 방어하던 용병들 역시 포위된 병사의 주둔지를 공격하지 않는다. 또한 주둔지에는 방책을 설치하거나 참호를 구축하지 않고 겨울철에는 전투를 하지 않는다.

앞서 말한 것처럼 이것은 모두 그들의 전술인데 그들 자신의 고난과 위험을 최소화하기 위해 창안해 낸 것이다. 이와 같은 생각이 이탈리아를 굴욕적이 노예 상태로 몰고 간 것이며 수모를 겪게 만든 것이다.

** 제13장

지원군·연합군·자국군

지원군으로 구성된 군대

지원군은 어떤 군주가 외부의 군주에게 도움을 요청할 경우 이를 받아들여 파견하는 또 다른 형태의 백해무익한 군대이다.

최근에 교황 율리우스의 경우가 그렇다. 그는 페라라를 공략할 때 별반 성과가 없었다. 그러자(교황은 프랑스와 싸우기 위해 신성 동맹을 맺었는데〈1511년〉, 거기에는 교황이 페라라를 점령한다는 밀약이 들어 있었다.) 지원군에 관심을 두고 에스파냐 왕 페르난도와 협정을 맺어 병력과 무기를 지원받았다. 그가 그렇게 한 것은 용병에게 혼쭐난 적이 있었기 때문이다. 이러한 군대는 파견한 측에서 보면 유용하고 타산도 맞겠만 지원을 요청한

쪽에서는 대부분 해가 되는 것이다.

지원군이 전투에 패하게 되면 군주도 함께 몰락하게 되고 그들이 승리하게 되면 그들의 볼모가 된다.

이와 같은 예는 역사 속에서도 얼마든지 찾아볼 수 있다. 최근에 있었던 교황 율리우스 2세의 경우가 그렇다. 교황은 어리석게도 페라라를 점령하기 위한 수단으로 자신의 운명을 지원군에게 맡겨 버렸던 것이다. 그는 운이 좋게도 돌발 사태를 맞아 경솔한 계획이 수포로 돌아갔기 망정이지 국가를 위기에 빠뜨릴 뻔했다.

교황 율리우스가 부른 지원군이 모든 사람의 예상을 뒤엎고 라벤나에서 크게 패하자 스위스가 그 지원군을 몰아냈으므로 (교황의 연합군은 프랑스에 대패했다. 하지만 스위스군 2만이 프랑스군을 추방했다.) 교황은 포로 신세를 모면하는 한편 예상치 못한 군대에 의해 승리를 거두자 용병의 손에서 벗어날 수 있었다.

피렌체 또한 전혀 무장이 되어 있지 않은 상태에서 피사를 차지하려는 욕심에 프랑스군 1만 명을 고용했다. 이때의 모험은 피렌체가 일찍이 경험하지 못했던 그 어떤 고난보다도 혹독했다(프랑스의 루이 12세는 스위스 용병을 피사와의 전쟁에 쓰도록 허가하는 대신 용병의 비용을 피렌체가 부담하게 했다. 그런 후 루이는 피사와 관계도 없는 지역을 행군하면서 이탈리아에 프랑스 군대의 위용을 과시했고, 한쪽으로는 거의 점령 직전에 있어던 피사를 눈앞에 두고 병력을 철수했다.).

콘스탄티노플의 황제 또한 이웃 국가에 대항하기 위해 1만 명의 투르크 병력을 그리스로 불러들였는데 전쟁이 끝난 후에도 투르크 병력은 그대로 남아 있었다. 결국 그리스가 이교도의 지배를 받게 된 것은 이때부터이다.

지원군과 용병의 차이

그러나 정복을 당할 처지에 있는 군주라면 지원군을 활용하는 것 또한 나쁘지 않다.

지원군의 폐해는 실로 용병과 비교도 안 된다. 만약 지원군을 끌어들였다면 그것은 파멸을 의미하는 것과 같다.

지원군은 지휘 체계가 분명함으로 지원을 요청한 군주가 아닌 자신의 상관에게만 복종한다. 그러나 용병은 군주에게 고용되어 보수를 받기 때문에 전쟁에 이겼다 하더라도 군주에게 폐해를 주기가 그리 쉽지 않다. 또한 군주가 지휘관으로 임명한 외부의 인물은 군주에게 폐해를 입힐 만큼 권위를 빠른 시일 내에 구축할 수도 없다.

요컨대 용병에 대한 위험성은 비겁한 데 있으며 지원군에 대한 위험성은 용맹한 데 있다.

현명한 군주의 용병술

현명한 군주는 언제나 이런 형태의 군대를 원치 않고 자신의 군대에 무게를 둔다. 현명한 군주는 외부 군대를 빌어 정복을 하느니 차라리 자신의 군대로 패하는 쪽을 선택한다. 그것은 외부 군대를 빌려 승리를 하는 것은 진정한 승리가 아니라는 것을 잘 알기 때문이다.

이와 같은 상황에서 나는 주저없이 체사레 보르자(교황 알렉산데르 6세의 아들, 1498년 프랑스 왕 루이 12세로부터 발렌티노 공작이라는 칭호를 받음)의 예를 들고자 한다.

공작은 프랑스 병사로 구성된 지원군만으로 로마냐를 공격하고 이몰라와 포를리를 점령했다. 여기서 그는 지원군을 신뢰할 수 없었기 때문에 오르시니와 비텔리의 용병을 고용했는데 오히려 그렇게 하는 것이 안전하다고 판단했던 것이다. 그러나 곧 그들도 믿을 수 없다는 것을 알고 자기 병사만으로 군대를 편성했다.

이와 같은 군대의 차이는 공작이 불러들여 지휘해 본 프랑스의 지원군이나 오르시니와 비텔리의 용병을 지휘했을 때, 그가 자신의 병사만으로 편성된 군대를 지휘했을 때에 얻었던 명성의 차이를 비교해 보면 곧 알 수 있다. 즉 공작 자신의 군대라는 것을 누구나 인정할 때 그의 위세가 대단했다는 사실이다.

히에론과 다윗의 현명한 판단

나는 이탈리아에서 최근 일어난 사례를 들어 이야기하고 싶다. 그렇다고 해도 앞에서 이미 인용한 시라쿠사의 히에론 왕에 대해 이야기를 하지 않을 수 없다.

이미 말한 바와 같이 이 사람은 시라쿠사 군대의 사령관에 임명된 직후 이탈리아의 용병과 비슷한 군대는 별로 도움이 안 된다는 것을 눈치챘다. 이런 상황에서 그대로 둘 수도 없고 또한 해고할 수도 없는 처지라 그들을 모조리 제거시켰다. 그런 후 자기 군대만으로 전쟁을 감행했다.

나는 이런 경우와 비슷한 문제를 구약성서에서 찾아보려고 한다. 다윗이 팔레스타인의 골리앗과 싸울 것을 사울에게 제안했다. 그러자 사울은 그의 용기를 북돋아 주기 위해 자신의 무기와 갑옷을 내주었다. 그러자 그것을 사용해 본 그는 자기에게는 맞지 않는다고 정중히 사양한 뒤, 자신이 갖고 있던 돌팔매용 도구와 단검으로 대적하겠다고 말했다.

다시 말해 남이 사용하던 무기나 갑옷은 자기 몸에 익숙치 않다는 것이다.

지원군의 폐해

루이 11세의 부친인 샤를 7세는 자신의 행운과 용기로 프랑스를 영국으로부터 자유롭게 했다.

그 후 강한 군대의 필요성을 느끼자 기병과 보병을 징집할 법적인 근거를 마련했다.

그러나 아들 루이 왕은 보병을 폐지하고 스위스 군대를 고용하기 시작했다. 이와 같은 실책으로 결국 위기를 자초했다. 자신의 보병을 해체하고 기병만으로 외국 군대에 의존한 결과는 불 보듯 뻔했다.

여기서 그가(루이 왕) 스위스 군대에 특혜를 준 것까지는 좋았다. 그러나 자기 군대의 사기를 저하시키는 데 한몫한 것이다.

프랑스는 스위스 군대와 연합하여 싸우는 것에 익숙했다. 결국 그들이 다른 군대와 맞서 싸울 엄두도 못낼 지경에 이르렀다. 그러니 프랑스는 스위스에 대항할 수 없게 되었다.

그 결과 일부는 외국 군대이고 일부는 자국 군대로 편성된 지원군을 갖게 되었던 것이다.

그와 같은 군대는 전부 용병이나 연합군으로 편성되어 있는 경우에 비하면 훨씬 우수하다. 하지만 전부 자기 군대으로 조직된 경우보다는 못하다.

이러한 실례로 입증이 되듯이 만약 프랑스가 샤를 왕의 병역 제도를 지켜 나갔던들 프랑스 왕국은 오늘날 세계에서 제일 강한 나라가 되었을 것이다.

언제나 사람은 지혜롭지 못해서 당장은 그럴듯한 것에 빠져 그 뒷면에 감추어진 폐해는 알지 못한다.

이것은 앞서 말한 것처럼 소모되는 열과 같은 것이다. 그러므로 고통이 닥치기 전에 깨닫지 못하는 군주는 현명한 군주라 할 수 없다.

로마 제국이 무너지기 시작한 애초의 원인을 살펴보면 고트(게르만 족의 일파. A.D. 5~6세기경부터 로마 제국을 수백년 동안 괴롭힘)의 용병을 고용하면서부터 시작된 것이다(고트의 용병이 들어온 것은 376년부터이며 테오도시우스 2세〈재위 408~450〉때 용병을 제일 많이 고용함).

이것을 계기로 로마 제국의 세력은 점점 쇠퇴하기 시작했고 로마 제국의 용맹스러움은 고스란히 고트족이 물려받았다.

안정된 국가로 가는 길

　결론부터 내리자면, 자신의 군대가 없는 한 군주는 나라의 안전을 도모할 수가 없다. 따라서 유사시에는 스스로 방어할 능력이 없어 오직 행운에 의존한다.

'자신의 힘으로 얻지 않은 권력과 명예는 불안전하고 허망한 것이다.'

　라는 격언은 언제나 귀감이 되는 말이다.
　자신의 군대란 자신이 통치하는 국가의 백성이거나 부하로 구성된 군대를 말하는 것이다. 그 외의 용병이나 지원군은 자신의 군대가 아니다.
　앞서 말한 네 가지 실례처럼 알렉산더 대왕의 아버지인 필리포스를 비롯하여 여러 많은 공화국과 군주들이 군사 대비를 어떻게 강화시켰는지에 대해 잘 살펴보면 그 방법을 알 수 있다. 나는 이런 방법을 전적으로 신뢰한다.

** 제14장

군사에 관한 군주의 의무

군사 문제에 정통한 군주만이 지위를 지킨다

군주는 군사 문제와 관련된 전술 및 훈련 외의 그 어떤 것에
도 목표나 관심을 두어서는 안 되고 또한 연구 과제로 삼아서
도 안 된다. 이것은 통치자의 유일한 사명이기 때문이다. 그
러한 사명은 세습적인 군주에게 지위를 보장해 줄 뿐만 아니
라 일개 평민을 군주의 자리에 오르게도 한다.

이와는 달리 군사와 관련된 일보다 개인적인 일에 몰두하게
되면 지위를 잃는 것은 당연하다. 그렇게 되기까지 가장 큰 원
인은 군사 문제를 소홀히 하는 데에 있고, 이와 반대로 그 지
위를 얻는 방법은 군사 문제를 잘 챙기는 것이다.

프란체스코 스포르차는 평민의 신분에서 군사 문제에 정통

했기 때문에 밀라노의 군주가 되었다. 반면에 그의 후손들은 군사 문제를 마땅찮게 여겼으므로 군주에서 평민으로 전락했던 것이다(루도비코 스포르차는 프란체스코 스포르차의 둘째 아들. 스위스 용병의 배신으로 나라를 잃음, 막시밀리안은 1511년에 신성 동맹에 가담하여 프랑스군을 물리치고 밀라노와 롬바르디아를 회복했으나 그 후 스페인에 예속됨). 군주는 다른 어떤 것보다 특히 군사 문제에 정통하지 못하면 수모를 당한다.

앞으로 이야기하겠지만 이러한 불명예스러운 일들은 군주가 경계해야 될 것이다. 왜냐하면 힘이 있는 군주와 힘이 없는 군주 사이에는 비교도 되지 않을 만큼 큰 차이가 있기 때문이다. 다시 말해 힘이 센 사람이 힘이 없는 사람에게 순순히 복종할 이유가 없고, 힘이 없는 사람이 힘이 센 사람에게 무시할 방법이 없다.

힘이 없는 군주가 신하를 믿지 못하는 것이나 힘이 센 신하가 군주를 믿지 못하는 것은 당연한 일이다. 그러므로 어떤 일을 이룬다는 것은 불가능하다.

이미 말했지만 그 어떤 실책보다 군사 문제에 정통하지 못한 군주는 군대를 홀대하므로써 신하에게 존경을 받지 못할 것이며 군주 역시도 신하를 믿지 못하게 될 것이다.

군주가 전쟁에 대비할 2가지 방법

그러므로 군주는 평상시 전쟁을 잊어서는 안 된다. 이러한 준비에는 두 가지 방법이 있다.

하나는 훈련이고 또 하나는 정신 무장이다.

훈련에 있어서는 무엇보다도 무장을 점검하는 것 외에도 자주 사냥을 통하여 몸을 단련시키고 극기심과 인내심을 기른다. 또한 그 지역의 지형적 특성을 익혀야 한다.

즉 산의 기복이나 계곡의 형태, 평원에 전개된 강물과 습지의 특성을 잘 알아 두어야 한다. 이처럼 군주는 다방면으로 관심을 쏟지 않으면 안 된다.

이러한 지식들은 두 가지 면에서 유용하다.

첫째, 자기 나라의 지형을 잘 알고 있는 군주는 그만큼 완벽한 방어를 할 수 있다.

둘째, 지형에 대한 예비 지식과 경험이 있으면 처음 보게 되는 지역의 지형이 예측 가능하므로 유사시 쉽게 대처할 수 있다.

예컨대 토스카나에 있는 능선과 골짜기 · 평원 · 강 · 습지 등은 여러 가지 면에서 다른 지역의 그것들과 유사하다.

그러므로 어느 한 지형의 특성을 잘 알고 있으면 이웃하는 나라의 지형도 미루어 짐작할 수 있다. 통치자가 이 방면에 능력이 없으면 통치자로서의 자질이 부족한 것이다.

이러한 능력을 통해 군주가 적의 동태를 잘 파악하므로써 진지를 유리한 곳에 만들고, 군대 또한 잘 통솔하여 승리를 얻게 된다.

역사가들이 아카이아의 군주 필로포이멘(마케도니아 군대의 중기갑병을 본보기로 합동 전술을 구사함. 아카이아 동맹군을 이끈 장군)에게 한결같이 찬사를 보냈던 이유 중의 하나는 그가 평상시에도 언제나 전술 외에는 아무것도 생각하지 않았다는 것이다.

그는 지인들과 함께 지방에 갈 때면 가끔은 발길을 멈추고 그들과 대화를 나눴다.

"만일 적이 저 언덕에 있는 상태에서 우리 군대가 이곳에 주둔하고 있다면 누가 더 유리하겠는가? 어떻게 하면 이 상대에서 노 적을 공격할 수 있겠는가? 만일 우리 군대가 퇴각하려면 어떻게 해야 하고 적이 퇴각하면 어떤 식으로 추격해야 하는가?"

그는 지인들에게 자신의 군대가 앞으로 닥칠지도 모를 여러 가지 상황을 제시하여 그들의 의견을 듣고 자신의 생각을 나름대로 입증해 보이기도 했다.

이와 같이 언제나 전투를 가상한 토론을 했기 때문에 전시라 할지라도 궁지에 몰리거나 돌발적인 상황은 없었다.

왜 군주는 역사 속 인물을 본받아야 하는가

정신적인 훈련을 위해 군주는 역사 속의 위대한 인물을 찾아보고 행적을 탐구해야 한다.

군주는 그들이 어떻게 전쟁을 해왔는지를 잘 살피면서 승리한 이유와 패배한 원인을 분석해 앞날을 대비해야 한다. 또한 세상에서 추앙을 받았던 역사 속의 인물들을 본받아 그들의 업적과 행적을 항시 마음속에 새겨 두고 실천할 일이다.

예컨대 알렉산더 대왕은 아킬레우스(희랍의 용사)를 본받았고, 카이사르(로마의 장군, 정치가)는 알렉산더 대왕을 본받았고, 스키피오(로마의 명장. 제2차 포에니 전쟁 때에 카르타고를 격퇴함)는 키루스(메디아를 멸망시키고 페르시아를 세운 왕)를 본받았다고 한다.

크세노폰(희랍의 철인. 무인)이 쓴 키루스 왕의 전기를 보면 그러한 것을 본보기로 영광을 누렸다.

스키피오가 보여 준 순결함과·순진함 그리고 선정과 관용이 키루스를 본보기로 얻어낸 결과임을 알 수 있다.

현명한 군주는 이와 같이 근본적인 도리를 따라 평상시에는 유사시를 대비해 허송세월을 보내지 말고 어떤 불행이 닥치더라도 지혜롭게 대처하고 극복해 나가야 한다.

** 제15장

군주가 받게 될 찬사와 비난

때로는 사악해야 할 군주

군주는 신하와 동맹 관계에 있는 사람들을 어떻게 대해야 할 것인가를 말하겠다.

그런데 이 점에 관해서는 이미 많은 사람들이 말했으므로 내가 다시 이것을 말하게 되면 생각이 다른 사람에 의해 빈축을 살지도 모른다.

그러나 이를 이해하는 사람들에게는 도움이 될 것이라는 생각에 실체적인 사실을 근거로 말하고자 한다.

그동안 많은 사람들은 사실적 근거도 없는 공화국이나 군주를 상상만으로 말하는 경우가 있다.

즉 현실과 이상에 있어서 상당한 차이가 있다는 얘기다. 따라서 꼭 해야 할 일을 비켜 가면 군주는 권력을 잃게 되고 파멸을 재촉하게 된다.

이상적인 선을 실천해 보려고 하는 동안 선량하지 못한 사람들의 모함에 의해 몰락할 수 있다.

그러므로 자신의 지위를 유지하는 데에 있어서 군주라면 악도 행할 줄 알아야 하며, 경우에 따라서는 자신의 필요에 의해 선을 취하기도 하고 버리기도 해야 한다.

군주에 대한 찬사와 비난

여기서 이상적인 군주 이야기는 잠시 접어 두기로 하고 현실적으로 일어날 만한 일을 말하고자 한다.

흔히 사람들, 특히 군주는 그 지위가 높은 만큼 남들로부터 찬사와 비난을 받는다. 그래서 어떤 사람은 너그럽다는 소리를 듣게 되고 어떤 사람은 인색하다는 비난을 받게 된다.

즉

인자한 사람과 잔인한 사람,

약속을 지키는 사람과 그렇지 못한 사람,

용감한 사람과 비겁한 사람,

겸손한 사람과 교만한 사람,

순결한 사람과 음탕한 사람,

진실한 사람과 거짓된 사람,

상냥한 사람과 무뚝뚝한 사람,

신중한 사람과 경솔한 사람,

믿음이 두터운 사람과 믿음이 없는 사람(플라톤이나 아리스토텔레스도 이에 대해 논했을 뿐만 아니라, 단테의 '제정론'을 비롯해 아우구스티누스와 성 토마스 아퀴나스도 이에 대하여 저술했다.)

등등 다양한 성품이 있다.

군주는 저마다 위에서 말한 것처럼 다양한 성품에서 당연히 좋은 점을 취하려고 할 것이다. 그러나 사람은 그렇게 완벽하지도 허술하지도 않은 것이다.

따라서 군주는 자기의 지위를 위태롭게 할 가능성이 있는 잘못을 범하여 비난을 사는 일이 없도록 조심해야 한다.

설령 자기 지위를 잃을 만큼 잘못을 저지르지는 않았다고 해도 악덕만큼은 피하는 것이 좋다. 그래도 피하지 못할 악덕이라면 굳이 주저할 필요는 없다. 그러한 악덕으로 자신의 지위가 유지될 수만 있다면 굳이 망설일 필요까지는 없는 것이다.

왜냐하면 좋은 일이라고 생각해서 진행한 일도 실천하다 보면 그것으로 인해 파멸을 초래하는 경우가 있고, 나쁜 일인 것처럼 보이는 것도 막상 실천해 놓고 보면 안정과 번영을 가져오는 경우가 있기 때문이다.

** 제16장

관대함과 인색함에 대하여

정치적 관대함의 허와 실

 앞서 말한 다양한 성품 가운데 첫 번째 것에 대해 살펴보자.
 우선 남에게 관대하다는 평을 받는 것은 바람직한 일이다.
그러나 그 관대함도 때로는 해가 되고, 사리에 맞는 정당한 행
동이 때로는 인정을 받지 못한다. 오히려 비난을 사게 되는 경
우가 있다.
 그러므로 군주가 통이 크다는 말을 들으려면 구설수에서 벗
어날 길이 없다.
 군주가 관대하다는 평을 듣겠다고 한다면 씀씀이가 커져 모
든 재정이 고갈나게 된다.
 따라서 관대하다는 평을 유지하기 위해서는 불가피하게 과

다한 세금을 부과해야 하고 이에 응하지 않으면 가차없이 형벌을 내리거나 온갖 수단을 동원하여 재물을 빼앗아야 한다.

그렇게 되면 백성들에게 원성을 사는 것은 물론 아무도 그를 존경하지 않을 것이다.

자신의 관대함으로 인해 피해를 본 사람은 많고 이득을 본 사람은 적으므로 군주는 아주 사소한 어려움에도 위기를 맞게 된다.

그렇다고 이 점을 깨달아 군주가 재정적인 씀씀이를 줄이려 한다면 이내 인색하다는 비난을 면치 못할 것이다.

현명한 군주의 인색함

군주가 구설수에 오르내리지 않고 모든 사람들에게 선심을 쓴다는 것은 불가능하므로 차라리 인색하다는 말을 듣는 편이 훨씬 더 현명한 군주의 태도일 것이다. 자신이 인색하면 국가의 재정을 안정시키는 것은 물론이다. 또한 전시 상황에서도 백성들에게 큰 부담을 지우지 않을 정도로 국가를 잘 운영하면 선심을 쓸 때보다도 훨씬 더 많은 존경을 받게 된다.

이때 군주는 재산을 지키게 된 많은 사람들로부터 잘한다는 평을 듣게 될 것이고, 피해를 본 소수의 사람들에게는 못했다는 평을 들을 것이다.

오늘날 위대한 업적을 남긴 사람들은 저마다 인색하다는 말을 들었으며 그렇지 않은 경우에는 모두 실패했다.

교황 율리우스 2세는 교황의 자리에 오르기 위해 선심을 잘 활용했다. 그러나 교황이 된 후에는 프랑스 왕과의 전쟁을 위해 더 이상 그러한 것에 연연하지 않았다.

지금의 프랑스 왕(루이 12세)은 여러 차례의 전쟁 중에도 백성들에게 무거운 세금을 부과하지 않고 전쟁을 수행했다. 그것은 오직 인색하게 하므로써 그 지출을 감당할 수 있었기 때문이다. 만약 지금의 에스파냐 왕(페르난도 2세)이 선심을 잘 쓴다는 말을 들었다면 그와 같이 큰 업적은 남기지 못했을 것이다.

인색함이란 통치를 위한 악덕 중의 한 가지

군주는 백성들의 재산을 축내지 않는 상태에서도 국방을 튼튼히 하려면 인색하다는 말을 들어야 한다.

이것은 남에게 재정이 빈곤하다는 욕을 먹지 않기 위해,
남의 것을 강제로 빼앗지 않기 위해,
허용된 악덕 중의 하나이다.

그러나 카이사르가 선심을 통해 절대 권력을 얻고 그 외의 많은 사람들이 선심으로 높은 지위에 올랐다고 내게 반박을 한다면 그것은 군주가 된 경우가 아니라 그 지위에 오르려고 하는 경우일 것이다.

군주가 된 후로 선심을 쓴다는 것은 위험한 일이다. 군주의 자리에 오르려고 하는 경우에는 부득이 생색용으로 선심을 쓴 것뿐이다.

그가 로마의 군주가 되려고 노력한 사람 중의 한 사람이기는 하지만 그가 만일 군주가 된 후에도 선심을 썼더라면 그는 권력을 잃었을 것이다(카이사르는 주권을 장악한 지 1년 만인, B.C. 44년에 원로원에서 부루투스에게 살해됨. 그가 원정 중에 로마로 보낸 보고서에 '왔노라. 보았노라. 이겼노라.' 라는 귀절은 명문으로 남아 있다.).

만약 선심으로 인해 좋은 평을 받은 군주들이 자신의 군대

를 거느리고서도 위대한 업적을 남긴 경우가 많다고 반박한다면 나는 이렇게 말하겠다.

즉 군주가 쓰는 재물은 그의 소유거나 또는 백성의 것이 아니고 제삼자의 것이다. 백성의 재물이라면 어디까지나 아껴야 한다. 그러나 제삼자의 재물을 쓰는 경우라면 선심을 쓰는 데 주저함이 없어야 한다.

군주는 정복하는 과정에서 얻은 전리품과 약탈한 물건 등, 제삼자의 재물을 통해 자신의 군대를 이끌고 유지해야 하므로 선심은 미덕이며 불가피한 것이다. 만일 그렇지 않을 경우 병사들은 그의 명령에 복종하지 않을 것이다.

키루스나 카이사르 그리고 알렉산데르는 병사들에게 자신의 소유도 아니고 백성의 소유도 아닌 재물은 마음껏 선심을 썼다.

설령 제삼자의 재물을 낭비했다 하더라도 백성의 것이 아니라면 자기의 평이 나빠지기는 커녕 더욱 좋아질 것이다. 어쨌든 자신의 재물이나 백성의 재물을 탕진한다는 것은 악이 된다.

백성들을 위해 인색한 군주

선심을 쓰는 일처럼 순식간에 재물이 탕진되는 경우는 없다. 그러니 어느 순간 선심을 쓸 여력이 없어진다.

결국 군주는 가난해지거나 비열해지므로 백성들로부터 경멸을 당하게 된다. 그리고 그는 이 가난을 벗기 위해 탐욕을 부리게 되므로 원성을 살 것이다.

군주는 모름지기 백성들에게 경멸이나 증오심을 불러일으키지 않도록 경계해야 한다.

이 두 가지는 다 함께 선심에서 오는 것이다. 남들로부터 선심을 잘 쓴다는 말을 들으려다 결국 남의 미움을 사는 탐욕스러운 군주가 되느니 차라리 남의 미움을 사지 않고 비난만 받는 인색한 군주가 현명한 군주이다.

** 제17장

냉혹함과 인자함에 대하여

인자함의 혼란보다 냉혹함의 질서가 낫다

앞서 말한 여러 가지 외에 다른 성품을 말하자면 군주는 언제나 냉혹하다는 평보다는 인자하다는 평이 좋다. 그럼에도 불구하고 이 인자함을 악용하지 않도록 조심해야 한다.

체사레 보르쟈는 사람들로부터 냉혹하다는 말을 들었지만 오히려 냉혹함이 로마냐를 평정하고 평화를 유지시켜 자신을 잘 따르게 했다. 우리는 이 점에 대해 깊이 살펴볼 필요가 있다.

냉혹하다는 평을 듣지 않기 위해 피스토이아(당시 당쟁만을 일삼았던 때 유혈·약탈·파괴 행위가 성행했다. 마키아벨리도 여기에 세 차례나 파견된 일이 있다. 그런 후 화해가 겨우 성립되었다. 그러나 이듬

해에 두 개의 파벌이 다시 격렬한 분쟁을 일으켰다. 이때 피렌체는 이를 점령해 버렸다.)의 붕괴를 수수방관한 피렌체보다는 차라리 체사레 보르자의 경우가 훨씬 더 인자하다는 것을 알 수 있다.

군주는 백성들을 단결시키고 충성심을 유발시킬 수만 있다면 냉혹하다는 비난에 대해 크게 걱정할 필요는 없다.

지나치게 군주가 인자하면 도리어 질서가 문란해져 약탈과 파괴로 백성들이 심한 고통을 받게 된다. 그러므로 간혹은 냉혹하게 다스리는 군주가 더 인자한 법이다.

결국 분수에 넘치는 인자함은 모든 사람들에게 해를 끼치지만 군주가 수행하는 냉혹함은 지목된 일부 개인에게만 한정적으로 해가 된다.

특히 신생국의 경우 나라를 처음 세우기 때문에 모든 것이 위험한 상태이므로 군주가 냉혹하다는 평을 듣는 것은 당연하다.

베르길리우스(B.C. 70~19 로마의 시인. 라틴 문학을 발전시키는데 공헌함)도 디도의 표현을 빌어 자신의 냉혹한 통치를 다음과 같이 변명했다.

"건국의 어려운 환경과 통치를 시작하는 이때, 어쩔 수 없는 상황이 나를 이렇게 만들어 내 영토를 삼엄히 지키라 했네."

두렵게 보여야 하는 군주

　군주는 남의 말을 경솔하게 듣고 실천에 옮겨서도 안 되며, 누구나 쉽게 믿지 말아야 한다. 군주는 신중한 행동과 인자한 마음으로 처신해야 한다.

　여기서 인자함이 너무 지나치면 자신의 본분을 잃고 또한 신중하면 주위 사람들을 힘들게 한다. 그러면 여기서 한 가지 의문이 생길 수도 있다.

　'백성이 군주 자신을 편안함의 대상으로 보게 해야 하는가? 아니면 두려움의 대상으로 보게 해야 하는가?'

　나는 이 물음에 대해 군주가 편안함도 있어 보이고 두려움도 있어 보이는 것이 바람직하다고 생각한다.

　그러나 이 두 가지를 동시에 얻는다는 것은 불가능하다. 굳이 어느 한쪽을 택하라면 편안함의 대상이기 보다는 두려움의 대상이 되는 쪽을 택하겠다. 왜냐하면 그것이 훨씬 더 안전하기 때문이다.

　일반적으로 나타나는 사람의 특성은 은혜를 저버리고 변덕스럽다. 또한 위선적이면서도 비겁하고 탐욕스럽기 때문에 군주가 자신들에게 필요한 존재일 경우에는 충성을 다한다.

　앞서 말한 것처럼 실제로 자기 희생이 따르지 않을 경우라면 목숨과 재산은 물론 심지어 자식까지도 바칠 것처럼 맹세한다. 그러나 막상 그런 희생이 따르는 경우에는 저마다 군주에게 등을 돌리는 법이다. 그러니 그들의 말을 사실 그대로 믿고 경계를 게을리하는 군주는 몰락하고 말 것이다.

이런 경우 숭고한 정신에 의해서 얻어진 것이 아니라 그 대가를 지불하고 얻게 된 상호적인 관계에 불과하므로 위급한 상황에서는 전혀 쓸모가 없다.

두려움의 대상이 되어야 하는 군주

사람은 자기가 두려워하는 사람보다 인자한 사람을 오히려 해하려 한다.

인자함은 편안함이라는 특성이 있는데, 사람의 본질은 이기적이라 자신의 이익을 위해서라면 언제든지 이 편안함을 악으로 바꾼다. 그러나 두려움은 결코 응징이라는 공포심이 생기므로 쉽게 다가설 수 없는 것이다.

군주는 비록 백성의 지지는 받지 못하더라도 항시 그들의 미움을 사지 않으면서도 두려움을 주어야 한다.

군주가 백성이나 신하의 재물 또는 유부녀를 건들지 않는 한 언제라도 그런 상태는 가능한 일이다.

만약 누구를 처형해야 할 경우에는 그것에 대한 구실이 있어야 한다. 그렇다 해도 더더욱 남의 재물을 빼앗는 짓은 삼가야 한다.

사람이란 아버지의 죽음에 대해서는 곧 잊겠지만 빼앗긴 재물에 대해서는 좀처럼 잊지 못한다.

남의 재물을 빼앗기 위한 명분은 얼마든지 있다. 이와 같이 빼앗는 것에 재미를 붙이면 남의 재물을 빼앗는 명분쯤은 언제든지 찾아낼 수 있다. 그 반면에 남의 목숨을 빼앗아야 할 구실은 찾기도 어렵지만 그만큼 빨리 잊는다.

군주는 왜 잔혹하다는 평을 들어야 하는가

군주가 많은 군대를 거느릴 때에는 잔혹하다는 평을 두려워해서는 안 된다. 잔혹하다는 평이 없다면 군주는 군대를 통솔할 수도 없을 뿐더러 전투를 수행하기가 어렵기 때문이다.

한니발(B.C. 247~183 카르타고의 정치가이며 장군. 용맹성과 절제력으로 여러 인종의 혼성 부대를 오랫동안 통솔함)의 공적들 중에서 아주 잘한 점을 소개하겠다.

그는 여러 나라에서 모인 수많은 대군을 이끌고 외지로 출병을 했지만, 대군들이 전시 상황이 유리할 때나 불리할 때나 동요를 하거나 반란을 꾀한 적이 한 번도 없었다.

그것은 그의 냉혹함과 용맹스러운 성격이 부하들에게 존경과 두려움을 동시에 주었기 때문이다. 만약 그의 냉혹함이 없었던들 그 외의 어떤 인자함으로도 그런 큰 성과를 거둔다는 것은 불가능한 일이다.

이러한 현실을 모르는 역사학자들은 그의 위대한 공적을 높이 평가하면서도 그러한 공적의 주요 원인에 대해서는 비난을 하고 있다. 그것은 그들이 경험하지 못한 현실적 욕구를 충족시키지 못했기 때문이다.

인자했던 스키피오의 안이한 대처

이 점에 대해서는 스키피오(제2차 포에니 전쟁에서 로마의 승리를 이끌었다. 에스파냐와 아프리카를 정복한 한편으로 그리스 문화에 커다란 관심을 보임)의 경우를 보면 이해가 될 것이다.

당대에는 말할 것도 없고 역사에 기록된 어떤 인물보다 훌륭하다고 평을 받았지만 그가 지휘하던 군대의 부하가 에스파냐에서 반란을 일으켰다. 이것은 스키피오가 인자한 나머지 병사들에게 엄격한 규율을 세우지 않고 지나칠 정도로 자유를 많이 주었기 때문이다.

스키피오는 자신이 직접 임명한 부하 플레미니우스가 로크리 지방의 백성들을 탄압했음에도 불구하고 이들에게 어떤 조치도 취하지 않았다. 또한 그 부하의 부정 행위도 처벌하지 않았다. 그러자 로마 원로원의 집정관인 파비우스 막시무스는 그가 군대를 타락시킨 장본인이라며 비난을 퍼부었다.

이것은 그의 안이한 성격 탓인데 원로원에서 그를 감싸려 했던 한 의원은,

'우리는 남의 잘못을 시정하는 것보다 자기 자신이 잘못을 저지르지 않도록 명심해야 한다.'

라고 말을 했다.

스키피오가 만일 총사령관의 자리에 계속 머물면서 군대를 지휘했다면 그의 성품으로 인해 명성과 명예를 동시에 잃었을 것이다.

그러나 그는 다행히도 원로원의 통제에 의해 자신에게 해가 되는 이러한 성품이 드러나지 않았으므로 빛나는 영광을 누릴 수 있었다.

나는 여기서 백성들이 군주를 두려워하게 만드는 방법에 대해 결론을 내리려고 한다.

백성들은 자신의 선택에 따라 군주를 좋아하지만 군주는 자신의 선택에 따라 두려움을 품게 할 수 있다.

그러니까 현명한 군주는 자신의 의사를 언제나 분명히 해야 하며 결코 남의 의사에 흔들려서는 안 된다. 다만 앞에서 언급한 것처럼 미움을 사는 일이 없도록 항상 노력해야 한다.

** 제18장

군주의 약속과 기만에 대하여

위대한 군주의 이중성

군주가 계책보다는 신의를 지켜 정직하게 사는 것이야말로 칭송받아 마땅함을 누구나 다 안다.

그러나 지금까지의 경험으로 비추어 볼 때, 우리 시대에 위대한 업적을 남긴 군주들은 신의를 그다지 중시하지 않았고 중시하기커녕 계책으로 남을 기만하고 신의를 짓밟아 온 것이 사실이다.

인간과 짐승의 수단을 겸비한 군주

그러므로 경쟁을 하는 데에는 두 가지 수단이 있음을 알아
야 한다.

첫 번째가 지혜를 동원하는 인간적인 수단이고,
두 번째가 무력을 동원한 짐승적인 수단이다.

그러나 첫 번째 수단만으로는 복잡한 상황을 쉽게 풀 수 없
다. 그러니 두 번째 수단을 동원할 줄도 알아야 한다.

특히 군주는 인간적인 수단과 짐승적인 수단을 잘 분별하여
쓸 줄 아는 현명함이 요구된다.

이 점에 대해서 고대의 현자들은 비유적인 방법으로 군주들
에게 충고를 한다. 그들의 말에 의하면 아킬레우스를 비롯한
고대의 많은 군주들이 반은 사람이고 반은 짐승인 케이론(그
리스 신화에 나오는 반은 사람, 반은 말. 그의 제자로는 이아손, 헤라클레
스, 의술의 신 아스클레오피스, 트로이 전쟁의 영웅 아킬레우스가 있음)
에 의해 양육과 교육을 받았다고 한다.

반은 사람이고 반은 짐승인 그를 스승으로 모셨다는 것은 군
주가 이러한 두 가지 성품을 갖춰야 한다는 말이다. 즉, 둘 중
어느 한 가지를 갖추지 못했을 경우에는 그 지위를 보장받기
가 힘들다는 것을 의미한다.

여우와 사자를 닮은 군주

그러므로 군주는 짐승의 수단을 적절히 구사하는 것이 필요하다. 짐승들 중에서도 특히 여우와 사자를 선택해야 한다(여우의 거짓과 사자의 폭력은 예로부터 속담의 소재가 됨).

사자는 함정 앞에서 속수무책이고 여우는 늑대 앞에서 꼼짝 못한다. 그러므로 함정을 피하기 위해서는 여우가 되고 늑대를 쫓기 위해서는 사자가 되어야 한다. 단순히 사자의 역할만 하려 한다면 군주는 모든 일의 본질을 잃게 된다.

때로는 신의를 지키는 것이 해롭다. 그런 까닭에 현명한 군주는 약속의 명분이 사라지게 되면 약속을 어길 수도 있다. 그리고 신의를 저버릴 수도 있다.

만일 사람이 모두 선하기만 하다면 이 가르침은 당연히 해로운 것이다. 사람은 사악해서 군주에게 맹세한 언약도 지키지 않는다. 그러니 군주 역시도 그들에게 신의를 지킬 필요가 없다.

군주는 쉽게 약속을 깰 만한 구실을 만들어낼 수 있다. 군주가 신의를 따르지 않았으므로 화해가 어떻게 깨지고 조약이 어떻게 파기되는지를 최근 일어난 여러 가지 사례를 들어 입증할 수 있다.

그들 중 여우의 기질을 본받아 활용한 군주일수록 성공 확률이 높았다. 군주는 여우의 성질을 교묘하게 위장하는 수법을 터득해야 한다. 때로는 전혀 가당치 않은 거짓말을 서슴없이 해야 한다.

사람이란 매우 단순하여 오직 눈앞에 닥친 것에 연연함으로 사람을 속이려는 자는 언제라도 속일 수 있는 대상을 쉽게 찾을 수 있다. 나는 최근에 일어난 사례 중에서 한 가지만 말하려고 한다.

교황 알렉산데르 6세는 언제나 남을 속이는 방법을 생각하고 있었으며 또한 줄곧 속이고 있다. 그는 엄청난 공약을 하고 또 그럴듯한 예언을 했다. 동시에 그는 약속한 말을 잘 지키지도 않았다.

이와 같은 거짓은 언제나 그의 생각대로 성공을 거두었다. 그것은 눈앞에 닥친 것을 그대로 받아들이는 사람들의 단순한 성품을 누구보다도 그가 잘 알고 있기 때문이다.

상황에 따라 완벽한 것처럼 행세해야 하는 군주

군주는 앞에서 말한 여러 가지 성품을 두루 갖출 필요는 없겠지만 두루 갖추고 있는 듯이 보일 필요는 꼭 있다.

만일 군주가 이와 같은 성품을 두루 갖추고 지속적으로 실천에 옮길 경우에는 오히려 해가 될 것이다. 그러나 그런 성품을 갖추고 있는 것처럼 보여지는 것은 매우 유익한 일이다.

실제로 인자함과 신의가 있으면서도 인간적이고 근엄하게 보이면 물론 좋다. 또한 그런 성품을 지니고 있는 것이 바람직하다. 그와 반대되는 성품이 필요할 경우에는 이를 곧 실천할 수 있는 방법도 알아 두어야 한다. 그리고 그것에 대한 마음의 준비도 철저히 해야 한다.

특히 신생 군주는 세상 사람들과 정반대 되는 일을 해야 할 경우가 자주 있게 마련이다. 따라서 자신의 권위를 유지하기 위해서라면 불가피하게 공약을 어겨야 하고 인자함을 보이지 말아야 한다. 또한 종교도 무시해야 한다.

그렇지만 앞서 말한 것처럼 가능한 한 선을 행해야 하는데 부득이한 경우 악의 편에 서야 된다는 것도 잊어서는 안 된다.

어떻게 보일 것인가를 생각하는 군주

군주는 앞서 말한 다섯 가지 성품이 결여된 듯한 말은 입 밖으로 내서는 안 된다.

군주를 바라보고 경청을 하는 사람들에게는 인자함과 신의, 정직함과 인간적인 면은 물론 신앙심이 강한 듯한 인상을 주는 것이 무엇보다 중요하다.

대다수의 사람들은 손으로 만져 보고 판단을 하는 것이 아니라 눈에 보이는 자체로 판단하려 한다. 그것은 대다수의 사람들이 군주를 바라볼 뿐이지 만져 볼 수 없기 때문이다. 그러므로 군주를 직접 평가하지 못하고 소수의 사람들만 평가할 수 있다. 그렇다고 해도 소수의 사람들이 평가한들 군주를 따르는 대다수의 견해에 반대할 수는 없는 것이다.

만약 소수가 반대를 하더라도 호소할 곳이 없으므로 군주의 행위는 결과만으로 평가된다.

군주는 국가를 책임질 의무가 있는 것이며 언제나 그의 수단과 방법은 명예롭고 칭송할 만한 것이다. 이와 같은 현상은 일의 겉모습과 결과에 현혹되기 때문이다.

어떤 사회든 자신의 실리를 위해 구성되어 있으므로 그러한 다수가 군주에게 의지하고 있으면 소수의 선택은 무시되는 것이다.

이름을 밝히지는 않겠지만 이 시대 어떤 군주는 언제나 평화와 하나님을 팔았다. 그러나 실제로 그는 이 두 가지 모두를 반대한 사람이다. 만약 그가 이것을 실천했더라면 그의 명성과 국가는 몇 번이고 잃었을 것이다.

** 제19장

미움과 모욕을 당하지 않기 위한 군주의 처신

군주가 해서는 안 될 2가지

나는 앞서 군주의 성품 중에서도 가장 중요한 것을 말했다. 그러므로 여기서는 일상적인 성품에 대하여 간략히 말하고자 한다. 이것도 일부는 말한 적이 있을 것이다.

군주는 남의 미움을 사거나 모욕을 당하지 않도록 해야 한다. 그렇게 되면 군주로서 해야 할 일은 다한 셈이다.

설령 그 밖의 어떤 실수를 했다 쳐도 곤경에 빠지는 일은 없을 것이다.

이미 말했지만 대다수 백성들은 군주가 재물이나 명예를 빼앗지 않는 한 안심하고 살아간다. 그러므로 군주는 몇몇 야심 있는 사람들을 잘 다루면 큰 어려움이 없다.

군주가 무시를 당하게 되는 경우는 참을성이 없고, 겁술하며, 비겁하거나 결단력이 없다는 인상을 줄 때이다.

　군주된 사람은 모름지기 이런 성품을 경계하여 곤란에 처하는 일이 없도록 해야 한다. 또한 모든 행동에서 당당하고 용감하며 위엄있는 행동을 보여야 할 것이다.

　백성들의 분쟁에 대해서는 엄하게 판결하고 이와 같은 인식을 유지하여 감히 군주를 기만하거나 농락할 수 없게 해야 한다.

군주가 경계해야 할 2가지

　군주에 대한 이런 평판이 확산되면 군주는 언제나 호평을 받게 마련이다. 명망이 높은 군주에게 반역을 한다든가 반기를 든다는 것은 쉬운 일이 아니다. 그러니 잘 따르게 된다. 그런 군주는 백성들로부터 존경을 받을 것이다.

　이와 같은 것을 이루기 위해서 군주는 2가지 점에 유의해야 한다.

　하나는 백성과 관련된 것이며,
　또 다른 하나는 국외와 관련된 것이다.

국외의 경우에는 훌륭한 군대와 믿을 만한 동맹국에 의해 침략을 막을 수 있다.

훌륭한 군대가 있으면 반드시 훌륭한 동맹국이 있는 법이다. 설령 국내적으로 음모가 있으면 모를까, 국외적인 문제가 안정된 상태에서는 국내 문제도 안정되게 마련이다.

앞서 말한 바와 같이 어떤 외부로부터 공격을 받더라도 행동과 용기를 잃지 않으면 군주는 어떤 공격도 능히 막아낼 수 있는 것이다. 스파르타의 나비스가 그랬다.

음모를 막기 위한 군주의 처신

그렇다 해도 국외적으로 잠잠할 때에는 나라 안의 음모를 경계해야 한다.

백성들로부터 미움과 목욕을 당하지 않고 그들이 군주에게 불만을 품지 않으면 그 지위를 확고히 할 수 있다.

앞서 길게 말한 것과 같이 군주의 통치에 백성들이 잘 따르도록 하는 것이 필요하다.

군주가 음모를 사전에 막을 수 있는 최선책은 백성들로부터 미움을 사지 않는 것이다.

음모를 꾸미는 사람들은 하나같이 군주만 제거하면 언제든 백성들의 환심을 살 수 있다고 생각한다. 이때 음모를 꾸미는 과정에서 행여 백성들이 분노할 거라는 생각이 들면 어느 누구도 감히 음모를 실행에 옮길 수 없다.

경험에 비추어 볼 때 역사적으로 수많은 음모가 있었지만 성공한 사례는 별로 없다. 그것은 음모 자체가 단독으로 할 수 없을 뿐더러 불만을 가진 몇몇 사람 이외는 뜻을 같이 할 수 없기 때문이다. 이때 당신이 그런 불평 분자(어떤 조직체에서 그시책이나 운영 등에 대하여 불만을 품고 있는 사람)에게 자신의 속내를 드러내게 되면 그 순간 그에게 어떤 식으로든 원하는 것을 제공해야 한다. 이것이 다른 한편으로는 큰 위험 부담이 된다. 이런 경우 신의가 있는 사람이라면 동지로 남는다. 그러나 그렇지 않은 경우 적으로 남게 된다.

음모를 꾸미는 사람은 의심이 많을 뿐더러 처벌에 큰 두려움을 느낀다. 반면에 군주는 주권자로서의 권위와 법 그리고 지켜 줄 세력이 있다. 더욱이 백성들의 지지가 더해지면 감히 음모를 꾸밀 생각조차도 못한다.

음모를 꾸미는 사람에게 뒤따르는 것은 두려움이다. 만일 민심을 거스르고 일을 저질렀을 경우 두려움이 연속적으로 몰려온다. 그 두려움으로 인해 쥐구멍이라도 찾게 될 것이다.

군주를 지지하는 백성의 힘

이러한 사례는 얼마든지 들을 수 있다. 새삼스럽게 우리의 선대에서 발생한 예를 하나 들려고 한다.

안니발레 벤티볼리오는 볼로냐의 영주였다. 그가 칸네스키 일파의 음모로 살해되었을 때 오직 혈육은 갓난아기에 불과한 메저 조반니만 생존했다.

이 시해 사건 직후 백성들은 일제히 봉기하여 칸네스키 일파를 모두 살해했다. 그것은 당시 벤티볼리오의 가문에 대한 동정심과 볼로냐에 대한 백성들의 두터운 신뢰가 있었기 때문이다.

안니발레 벤티볼리오가 죽고 나자 볼로냐를 다스릴 수 있는 사람은 단 한 명도 남아 있지 않았다.

볼로냐 백성들은 궁리를 하던 중에 벤티볼리오의 혈족이 피렌체에 살고 있다는 소문을 듣게 된다. 그들은 그곳에 사람을 보내어 혈족인 어느 대장장의 아들(산테)에게 볼로냐의 정권을 계승케 했다. 그런 다음 갓난아기 조반니가 자라 정치를 할 나이까지 기다렸다.

이처럼 백성으로부터 신망이 두터운 군주는 음모에 대해 걱정할 필요가 없다. 하지만 백성들이 미워하게 되고 적대시하면 군주는 모든 사람을 두려움의 대상으로 보아야 한다.

귀족과 백성을 만족시키는 군주

그러니 질서가 확립된 국가라 하더라도 현명한 군주라면 귀족들을 잘 이끌고 백성들의 불만을 최소화시켜 안정된 생활을 유지하게 해야 한다. 이것이야말로 군주가 지녀야 할 가장 중요한 의무 중의 하나이다.

오늘날 정치 제도의 확립과 통치에 있어서 어느 국가보다도 잘된 국가는 프랑스이다. 이 국가는 왕권의 자유와 안전을 보장하는 여러 가지 훌륭한 제도가 있다.

그중 가장 훌륭한 것은 의회와 그 권위이다. 프랑스의 입법을 처음 추진한 사람들은 누구보다 귀족들의 야심과 횡포를 잘 알고 있다. 그래서 그들을 통제하기 위해 입을 막고 그들의 권리를 제한할 필요가 있다고 생각했다. 반면 백성들은 귀족을 두려운 존재로 인식하기 때문에 귀족으로부터 그들을 보호하려 했다. 왕은 이 점을 드러내지 않으려 한 것이다.

왕이 너무 백성을 감싸는 쪽으로 보이게 될 경우 귀족의 반발이 예상되고 귀족을 감싸는 쪽으로 보이게 될 경우 백성으로부터 원성을 사게 된다. 따라서 백성이나 귀족 모두의 비난을 피하기 위해 왕은 별도 기관을 만들었다.

이 기관은 왕에게 책임을 떠넘기지 않고 귀족을 견제하는 동시에 백성을 보호하는 측면이 있다.

군주제와 왕권을 강화하는 데에 있어서 이보다 더 적절한 조치와 안전한 제도는 없을 것이다.

그렇다면 여기서 다음과 같은 결론을 하나 더 생각해 낼 수 있다. 군주는 비난이 될 만한 일은 피하고 칭송이 될 만한 일은 직접한다.

어느 군주든 귀족을 소중하게 여겨야겠지만 그런 일로 백성들에게 미움을 사서도 안 된다.

몇몇 위대한 황제들이 통치에 실패한 이유

로마 황제들의 일대기를 살펴본 사람들이라면 내 견해에 대해 반박할 여지가 있을 것이다. 그것은 제아무리 훌륭한 황제라 해도 대신들의 음모로 권력을 잃고 목숨까지 빼앗기는 예가 허다하기 때문이다.

나는 이것에 답하기 위해 몇몇 황제들의 성품에 관련된 말을 하려고 한다. 그들이 파멸에 이르게 된 원인이 내가 주장한 것과 모순되지 않는다는 것을 입증해 보이는 한편, 당대의 사학자들이 최우선적으로 고려해야 할 문제점을 짚어 보려 한다.

이 점에 대해서는 철학자 마르쿠스 아우렐리우스에서 막시미누스에 이르기까지 권좌에 올랐던 황제들을 열거해 보면 충분할 것이다. 그들은 마르쿠스(재위: 161~180. 저서: 스토아 철학이 담긴 '명상록')와 그의 아들인 콤모두스(재위: 177~192), 페르티낙스(재위: 193년 1월부터 3월까지), 율리아누스, 세베루스(재위: 193~211)와 그의 아들 안토니우스 카라칼라(재위: 211~217. 로마 제국의 몰락에 일조함), 마크리누스(재위: 217~218), 엘라가발루스(재위: 218~222), 알렉산데르(재위: 222~235) 그리고 막시미누스(재위: 235~238) 등이다. 우선적으로 여타 군주국을 주목해서 살펴보면 귀족의 야심과 백성의 무례함을 통제하는 선에서 거의 모든 일이 마무리된다. 그러나 로마의 황제들은 이것 외에 또 다른 문제점을 안고 있었다. 그것은 군부를 통제하는 일인데, 군인들은 잔혹함과 탐욕이 많기 때문에 무척이나 다루기 힘든 존재들로 황제는 이것 때문에 파멸을 면치 못한다.

백성들은 안정된 삶을 위해 온건한 황제를 원하지만 군부는 호전적이고 탐욕스런 군주를 원한다.

만약 군주가 군부의 편을 들어 백성들을 다스리게 되면 군인들은 급여를 더 많이 받을 수 있게 된다. 또한 자신들의 잔혹함과 탐욕을 채움과 동시에 불만을 해소할 일을 꾸민다. 그러니 군부와 백성들을 동시에 만족시킨다는 것은 불가능하다.

황제들은 타고난 자질이 있거나 많은 체험을 통해 능력을 기르지 않는 한 쉽게 몰락한다.

특히 신생 군주가 된 황제들은 백성과 군부의 서로 다른 요구에 앞서 양쪽 모두를 만족시키기가 어렵다고 판단되면 백성들의 피해는 아랑곳하지 않고 군부의 환심을 사려 한다.

이때 군주는 백성들로부터 미움을 사지 않도록 조심해야 한다. 만일 이것이 불가능할 경우에는 힘이 센 쪽의 횡포를 막는 일에 신경을 써야 한다.

여기서 미숙한 군주는 지지 기반이 약하므로 오히려 백성들보다 군부에 기대려 한다. 이런 태도는 군부를 장악했을 때에만 이롭고 그렇지 못한 경우에는 해가 된다.

악행을 해도 선행을 해도 미움을 사는 군주

마르쿠스와 페르티낙스 그리고 알렉산데르는 인자한 인물들로 정의를 앞세우면서도 난폭한 행동을 피했다. 인정이 많았으므로 마르쿠스 외에는 모두가 참변을 당했다.

마르쿠스는 명예롭게 살다 갔다. 그는 태어날 때부터 제위를 계승받은 것은 물론 군부나 백성들의 힘을 빌리지 않았기 때문이다. 게다가 모든 사람들이 우러러볼 수 있는 인덕으로 재위 기간 동안 군부와 백성을 잘 다스려 미움도 비웃음도 사지 않았다.

반면에 페르티낙스는 군부의 의사를 무시하고 제위에 올랐다. 그러자 콤모두스 통치하에서도 제멋대로인 군부는 페르티낙스가 원하는 새로운 법을 감당할 수 없게 되자 페르티낙스를 미워하기 시작했다. 게다가 나이가 들은 탓에 무시까지 당했다. 결국 그는 제위에 오른 지 얼마 후 살해되었다.

우리는 여기서 옳은 것도 그른 것 못지 않게 상대의 미움을 살 수 있다는 사실에 주목해야 한다.

군주가 나라를 보전해 나가자면 때때로 자신의 뜻과 다른 나쁜 짓을 해야 한다. 군주가 권력을 유지하기 위해 필요하다고 인정되는 어떤 집단, 즉 백성이건 군부이건 귀족이건 간에 부패를 했더라도 그들의 환심을 사기 위해 그들의 문란한 행동을 눈감아 줘야 한다. 이 경우에 군주의 선행은 군주 자신에게 해로운 것이다.

다음은 알렉산데르의 경우를 생각해 보자. 그는 선정을 베푸는 황제로 칭송이 높았다. 재위 14년 동안 법의 심판이 없이는 단 한 명도 처형하지 못하게 했다.

그런 선정을 했음에도 어머니의 뜻을 거스르지 못하는 나약한 군주로 낙인찍혀 백성들에게 무시를 당하다가 결국에는 군부의 음모로 살해 되었다.

잔인하면서도 욕심이 많은 콤모두스, 세베루스, 안토니우스, 카라칼라, 막시미누스 등도 군부의 환심을 사기 위해 백성들에게 온갖 폐해를 주더니 그들도 역시 세베루스를 제외한 나머지 모두 비참하게 최후를 맞이했다.

교활하면서도 사나운 군주

세베루스의 경우, 비록 백성을 탄압했지만 매우 용맹했기 때문에 군부의 호감을 바탕으로 통치에 성공했다. 그의 용맹함이 군부와 백성들로부터 탁월함을 인정받은 것이다. 즉 백성들은 그를 두려워하면서도 찬사를 아끼지 않았고 군부는 그를 진심으로 존경했다.

이 신생 군주에게는 훌륭한 점이 있었다. 그렇다면 앞서 말한 군주가 꼭 필요한 것, 즉 여우와 사자의 성격을 어느 정도 실천했는가를 살펴보자.

세베루스는 율리아누스의 성격이 우유부단하다는 것을 알아차렸다. 그는 친위대에게 페르티낙스(슬라보니아에서 피살됨)의 복수를 위해 자신의 군대가 로마를 공격해야 한다고 군부를 설득했다. 황제가 되고 싶은 야심은 숨긴 채 군대를 이끌고 로마로 진군했다.

그는 이미 진군한다는 것을 로마가 알기도 전에 이탈리아에 입성한 것이다. 공포에 떨고 있던 원로원은 그가 로마에 입성하자 즉시 그를 황제에 선출하고 율리아누스를 처형했다.

황제에 즉위한 세베루스가 로마 제국 전체를 지배하기 위해서는 이 두 가지 어려운 점을 극복해야만 했다.

그중 하나는 아시아 주둔군의 총사령관인 니게르(자칭 황제였지만 니케아에서 패한 후 병사에게 피살됨)가 자칭 황제 행세를 하고 있었고, 또 하나는 서부의 알비누스(가리아의 장군으로 자칭 황제였지만 리온에서 패하고 로마에서 피살됨)가 제위를 노리고 있었다.

그는 양쪽 모두를 적으로 삼아 싸운다는 것은 위험한 일임을 잘 안다. 그래서 그는 우선적으로 니게르를 공격한 다음 알비누스를 그럴듯하게 속이기로 했다.

세베루스는 편지로 알비누스에게 자신이 원로원에 의해 황제로 추대되었다는 사실을 알리고 이 영광을 함께 나누기 위해 황제의 칭호를 함께 쓰자고 전했다. 그리고 원로원도 알비누스를 자기와 동등한 지위에 오르도록 결정을 했으며 공동황제로 삼는다고 했다. 그러자 알비누스는 이를 진실로 받아들였다.

그사이 세베루스는 니게르를 제압하고 아시아 문제를 처리한 다음 로마로 돌아왔다. 곧이어 그는 원로원에 알비누스가 자신에 대한 배은망덕함과 자신을 살해하려 했다는 명분을 앞세워 프랑스에 있던 알비누스를 추격했다. 그리고 그의 지위와 목숨을 동시에 빼앗아 버렸다.

이런 세베루스의 행적을 자세히 살펴보면 사나운 사자이면서도 동시에 교활한 여우임을 알 수 있다. 그는 군부의 미움을 사지 않았고 모든 사람들에게 두려움의 대상이기도 했지만 존경을 받았다.

그가 신생 군주로서 자수성가하여 제국을 지배한 사실에 대해 조금도 이상하게 생각하는 사람은 없다. 그것은 천하에 떨

친 그의 명성이 그가 저지른 만행보다 백성들이 품을 수 있는
원성을 씻어버리고도 남음이 있었기 때문이다.

측근들조차도 공포스러운 군주

그의 아들인 안토니우스 카라칼라도 역시 훌륭한 인물로서
백성들의 존경과 군부의 환심을 샀다.

그는 군인으로서 고난을 극복할 힘이 있었고 또한 청렴했기
때문에 병사들은 누구나 그를 인정했다.

그럼에도 불구하고 그의 잔인성은 입에 담을 수 없을 정도
였다. 그는 수많은 사람들의 목숨을 뺏앗았으며 그로 인해 로
마와 알렉산드리아의 백성은 전멸 위기에 놓였다(재위 기간
〈211~217〉 동안 로마 제국의 몰락에 일조했으며 로마사에서는 종종 폭
군 중 한 사람으로 꼽힌다. 이처럼 그가 저지른 포악상은 자신의 어린 동
생을 살해한 것으로도 미루어 짐작할 수 있다.).

그로 인해 세상 사람들의 원성은 날로 높아만 가고 끝내는
그의 측근들조차 그를 두려워하게 되었다.

그러던 어느 날 자기 군대의 백인 대장에게 살해되었다. 이
와 같은 살해는 빈틈없이 계획을 세워 자행했기 때문에 군주
로서는 피할 길이 없다.

이처럼 누구라도 자신의 목숨을 걸면 군주 하나쯤은 얼마든

지 해칠 수 있다. 그러나 그러한 일은 매우 드문 일로 군주는 그것을 두려워할 필요까지는 없다.

다만 자기에게 충성하는 측근을 두렵게 해서는 안 된다는 것이다. 안토니우스 카라칼라는 이 점을 잊고 백인 대장의 형제를 살해했으며 동시에 백인 대장 자신도 협박했다.

그런 상황에서 그를 경호 대장으로 앉혀 놓았으니 이와 같은 처신은 어리석기 그지없으며 또한 위험 천만한 일이다. 우리가 그의 결과에서 보듯이 자신의 파멸을 스스로 자초한 셈이다.

백성들의 원성과 군부로부터 경멸을 당한 군주

다음은 콤모두스의 경우를 살펴보자.

그는 마르쿠스의 아들로서 황제의 자리를 계승했기 때문에 오르지 부친의 업적을 이어받아 백성들과 군인들을 적당히 만족시켜 큰 탈 없이 나라를 보전할 수 있었다. 그런 그가 자신의 허황된 욕심을 충족시키기 위해 백성들을 희생 양으로 잔인하고도 폭악한 짓을 일삼았다.

그는 군부의 기강이 무너진 상황에서도 직접 검투장을 찾아가 검투사들과 힘겨루기를 했고, 황제의 신분으로는 차마 하지 못할 야비한 행동을 서슴없이 했다.

결국에는 군부의 경멸과 백성들의 원성을 사다 음모에 의해 살해되었다.

태생적 미천함과 잔인성 때문에 살해된 군주

끝으로 우유부단했던 알렉산데르는 군인들의 불만에 의해 살해되었다. 그를 살해한 군인들은 호전적인 막시미누스를 황제로 추대했다. 결국 막시미누스의 치세도 오래가지 못했다.

그 이유는 두 가지 예견된 미움과 경멸 때문이다.

그 하나는 그가 본래 미천한 태생으로 트라키아 지방에서 양치기 노릇을 했기 때문이며,
또 하나는 그가 제위에 오를 때 로마에 가는 것을 꺼려 지방에서 왕위를 계승했다는 사실이다.

제위에 오른 막시미누스는 지방 관료들을 로마와 제국의 여러 곳에 파견했다. 그들의 난폭한 행동으로 인해 막시미누스는 잔인 무도하다는 평을 들었다.
그 결과 세상 사람들은 그의 미천한 태생을 문제 삼아 경멸하는 한편 그의 잔인성에 대한 두려움과 증오심이 끓어오르자

아프리카에서 반기를 들었다.

뒤이어 로마의 원로원과 백성들이 궐기하고 나중에는 이탈리아 전체가 그에게 저항했다. 덧붙여 엎친 데 덮친 격으로 황제의 군대마저 반란에 가담한 것이다.

이런 상황으로 인해 그의 군대는 아퀼레이라를 포위하고도 함락에 실패했다.

황제에 격분한 군인들은 로마 백성들이 그에게 반기한 사실을 눈치채고 그를 서슴없이 살해해 버렸다.

나는 엘라가발루스나 마크리누스 그리고 율리아누스 등은 별로 언급하고 싶지 않다.

그들은 경멸을 받아 마땅한 사람으로 황제의 자리에 오른 후 곧 살해되었기 때문에 이쯤에서 결론을 내리고자 한다.

군부의 의존도를 낮추는 군주

우리 시대의 군주들은 군인들의 요구를 크게 만족시킬 필요까지는 없다. 그들에게 물론 어느 정도의 배려는 필요하다. 그렇다고 해서 그것이 큰 문제가 될 것까지는 없다.

그것은 로마 제국의 군대와는 달리 오늘날 군주는 오랫동안 주둔하면서 장기적으로 통치할 군대를 갖고 있지 않기 때문이다.

로마 제국은 군부의 영향력이 백성들의 영향력보다 우위에 있으므로 군인들을 우대할 필요가 있었던 것이다.

그러나 오늘날 투르크와 술탄 왕국을 제외한 현재의 모든 군주들은 백성들의 영향력이 더 커졌으므로 도리어 군부보다 백성들의 환심을 사야 한다.

여기서 투르크를 예외로 한 것은 주변에 12,000명의 보병과 15,000명의 기병을 통해 왕국의 안전과 권력이 유지되고 있기 때문이다.

그러니 군주는 모든 일을 제쳐놓고 군부와 유대를 긴밀히 해야만 한다.

이집트의 술탄 왕국도 사정은 이와 비슷하다. 즉 군부가 나라의 전권을 장악하고 있으므로 군주는 백성들보다 이들과 긴밀한 관계를 유지할 수 뿐이 없다.

예외적인 지배 구조하에 있는 군주

술탄 국가는 다른 나라들과는 사정이 판이하다는 점에 주목해야 한다.

즉 이 나라는 세습 군주국도 아니고 신흥 군주국도 아니다. 대체로 국가의 기조는 기독교의 교황 제도와 비슷하다.

이 나라에서는 전임 군주의 자손이 군주의 자리를 계승하는 것이 아니라 어떤 특권층에 의해 선출된 자가 군주의 자리에 오르는 것이다.

이것은 옛날부터 내려온 제도로써 신생 군주국들이 겪어야 할 여러 가지 어려움을 겪지 않았기 때문에 신생 군주국이라 부를 수도 없다.

즉 군주는 새로 바뀌었으나 국가의 제도는 그대로이며, 선출된 군주를 마치 세습적인 군주처럼 받아들이기 때문이다.

창의성이 필요한 신생 군주

이젠 우리들의 문제로 돌아가자. 위에서 말한 것들을 잘 살펴보면 하나같이 군주에 대한 원성이나 경멸 중의 어느 하나가 원인이 되어 몰락한다는 것이다.

즉 무슨 일을 꾸밀 때에 백성이든 군부든 어느 한쪽을 선택했는데 그들 중 일부는 전혀 다른 선택으로 성공을 거두었고 나머지는 비참하게 최후를 맞이한 것도 사실이다.

신생 군주인 페르티낙스나 알렉산데르가 세습 군주인 마르쿠스를 모방하려 한 것은 스스로 위험을 자처한 것이다.

이와 마찬가지로 카라칼라나 콤모두스 그리고 막시미누스가 세베루스를 모방하려 했다. 그들은 결국 비참한 꼴을 당하고 말았다.

다시 말해 그들은 세베루스가 이룬 업적을 따라서 할 능력이 없었기 때문이다.

신생 군주가 그 영토를 승계할 때 굳이 마르쿠스의 행적을 모방할 필요도 없거니와 세베루스를 모방할 필요도 없다.

그 대신 세베루스로부터는 나라의 기초를 세우기 위한 행적을 모방해야 하고, 마르쿠스로부터는 기반을 확고히 다진 후 국가의 안정을 도모하기 위한 행적을 모방하는 것이 무엇보다 바람직한 일이다.

** 제20장

성을 쌓는 것과 그에 대한 득과 실

각기 다른 군주의 특성

군주들은 보다 국가를 안정적으로 유지하기 위한 수단으로 신하들의 무장을 해제하는 경우가 있다. 그리고 여러 도시를 통치하기 위해 도시와 도시의 단합보다는 분열을 획책한다.

백성들을 이간시켜 적개심을 유발시키기도 하고, 통치 초기에 따르지 않았던 사람을 회유하여 따르게 하기도 한다.

상황에 따라서는 성을 쌓기도 하고 허물기도 한다. 이런 결정을 내려야 했던 당시의 특수한 사정을 자세히 검토하지도 않고 이 문제를 되도록이면 주제 범위 내에서 다루려 한다.

신하들에게 무장을 시키는 군주

새로 제위에 오른 군주로서 신하들의 무장을 해제한 경우는 이제껏 한 번도 없었다. 오히려 신하들이 무장을 하지 않았을 경우에는 무장을 시킨다. 이렇게 무장시킨 신하들은 군주의 힘이 된다.

이때 군주를 믿지 못했던 신하들도 그를 따르게 된다. 처음부터 충성했던 신하들까지 계속 충성을 다짐한다. 그들은 군주의 신하라는 차원을 떠나서 확고한 군주의 측근으로 거듭날 것이다.

모든 신하들에게 무장을 시킬 수는 없지만 무장을 한 신하들에게 혜택을 주면 나머지 신하들은 쉽게 다룰 수 있다.

혜택을 받는 사람은 그렇지 않은 사람들보다 임무를 수행하는 과정에서 더 큰 위험이 따르며 책임도 무겁다. 이런 사실을 알기 때문에 후한 대접을 받는 것이 당연하다고 생각한다. 그러니 군주의 처분에 순순히 응하고 이러한 차별 대우를 쉽게 수긍한다.

이와 반대로 신하들의 무장을 해제시키면 그들은 비겁해지거나 충성심이 약해진다. 군주가 자신들을 못 믿는다고 생각해 분노와 증오심을 갖게 된다.

이런 시점에서 군주는 나라를 지탱하기 위해 부득이 용병을 고용하게 된다. 앞서 그들의 실체에 대한 것은 이미 말한 바가 있다.

상황에 따라서 용병은 훌륭하다. 그렇다고 해도 강력한 적과 불신에 찬 신하들 사이에서 군주를 지켜 줄 만큼 완벽한 존재는 못된다.

그러니 신생 군주국의 새 군주는 국가의 영토를 보전하기 위해 스스로 군대를 무장시켰다. 그 실례는 역사에서 얼마든지 찾아볼 수 있다.

합병 군주국의 군사 정책과 통치

군주가 새로운 국가를 합병했을 때, 자기를 도와 공헌한 사람을 제외하고는 모두 무장을 해제시켜야 한다. 기회가 있을 적마다 그들을 장악하여 세력을 약화시킬 필요가 있다.

그런 다음 새로운 국가의 군대는 본국에서 군주와 함께 생사를 같이 했던 군대와 교체시켜야 한다.

우리의 선조나 현명한 사람들이 말하기를 피스토이아는 파벌을 조장해서 다스리고 피사는 성을 구축해서 다스려야 한다고 했다.

이와 같이 여러 도시에 불화와 분열을 조장하면 보다 쉽게 통치할 수 있다. 이것은 이탈리아가 어느 정도 세력의 균형을 유지할 그 당시는 효과적이었을 것이다.

그러나 오늘날 분열 정책은 효과적이지 못하기 때문에 이것을 반드시 권할 수는 없다. 오히려 파벌로 인해 내분이 일어나면 그 나라는 적의 침략으로부터 쉽게 정복되고 만다.

그것은 파벌 중에 세력이 약한 집단은 기회를 틈타 적과 내통하려 하고 그 밖의 집단은 대항할 힘조차 없기 때문이다.

베네치아는 내가 앞서 말한 바와 같은 이유에서 제후(봉건 시대에 군주로부터 받은 영토와 그 영내에 사는 백성을 다스리던 사람)가 다스리는 여러 도시에 겔프(교황파)와 기벨린(황제파)이라는 2개의 파벌을 조장했다. 그리고 2개의 파벌 사이에 혈투는 아니지만 줄곧 그들 사이에 분쟁을 조장하여 베네치아에 대항할 수 없도록 했다.

그러나 그들이 원하는 대로 되지 않았다. 베네치아가 바일라에서 패한 것을 목격한 여러 도시의 일부 파벌들은 힘을 모아 베네치아의 모든 영토를 점령해 버렸다.

이와 같은 통치 수단은 군주의 세력이 약하다는 것을 의미할 뿐이다.

강력한 군주국이라면 분열 정책이란 있을 수 없다. 그러한 분열 정책은 평온한 시기에 효과적으로 신하를 통제할 수 있지만 전쟁이 일어나면 매우 불리한 상황을 초래힌다.

시련 속에서 위대해지는 군주

물론 군주는 자신 앞에 닥친 온갖 시련과 고난을 극복할 때만이 한층 더 위대해진다.

그렇기 때문에 운명의 여신은 신생 군주에게 세습적인 군주보다 훨씬 더 큰 명성을 요구한다.

또한 위대해지도록 하기 위해 적을 만드는 한편 적을 상대로 싸울 계책을 꾸미게 한다.

그 결과 신생 군주는 적과 싸워 이길 수 있는 기회를 연속적으로 갖게 되고 점점 세력을 확장시킨다.

그런 까닭에 현명한 군주는 호시탐탐 적대적인 세력을 만들고 이를 무찔러 자신의 명성을 높인다.

적대적인 사람을 자신의 편으로 만드는 군주

특히 신생 군주는 집권 초기에 믿기 어려운 사람들이 처음부터 믿고 따르던 사람보다도 오히려 더 충성심이 강하다는 것과 쓸모가 있다는 것을 종종 체험하게 될 것이다.

시에나의 군주였던 판돌포 페트루치(15세기 말부터 1512년에 걸쳐 죽을 때까지 시에나를 통치한 그는 단부를 죽이고 시에나 군주가 됨. 1503년 추방되었다가 프랑스 왕의 중재로 2개월 뒤 다시 주권을 회복함)는 집권 초기에 신뢰를 할 수 없었던 그런 인물들의 도움으로 나라를 잘 다스릴 수 있었다.

이와 같은 경우는 서로의 처지와 형편에 따라 달라지는 것이므로 일반적인 원칙은 없는 것이다.

그러나 이렇게 말할 수는 있다. 즉 신생 군주가 된 군주에게 적대적인 감정을 품고 있던 사람이라 할지라도 자신들의 세력을 유지하려면 군주의 힘이 필요하다. 그러므로 그들은 언제든지 쉽게 복종한다. 뿐만 아니라 초반에 보여 준 부정적인 이미지를 씻기 위해서라도 행동으로 입증할 필요성을 느낀다. 때문에 군주에게 한층 더 충성을 다하지 않을 수 없다.

이때 그런 사람들이 군주를 모시는 데에 있어서 한층 더 안정적이다. 결국 군주의 일에 소홀히 하는 측근들보다 더 큰 도움을 주게 된다.

신생 국가에 도움이 되는 인물

이와 관련해서 몇 가지 중요한 것들을 살펴볼 필요가 있다.

현지인의 도움으로 어느 지역을 차지한 신생 군주라면 그들이 왜 자신을 도와주게 되었는지를 꼼꼼히 살펴보아야 한다.

만약 순수하게 도움을 준 것이 아니라 단지 이전 국가에 불만을 품고 도와준 것이라면, 그들을 자신의 세력으로 인정하기가 무척 힘들고 또한 수많은 어려움을 겪게 될 것이다. 이처럼 신생 국가도 그들을 만족시키기란 불가능하다.

과거나 현재의 사건에서 보듯이 이전의 정권에 만족한 인물들이 있다. 이 인물들은 자신이 가지고 있는 것을 지키려는 생각 때문에 신생 군주에게는 훨씬 더 우호적인 세력이 될 수 있다. 그러나 이전 정권에 불만을 품고 도움을 주었던 인물들은 자신의 생각과 다를 경우 더 큰 불만 세력으로 남는다.

성에 대한 장단점

군주들은 자신의 권력을 굳건히 하기 위해 흔히 성을 구축했다.

성은 반역자를 구속하기 위해 이용되기도 했지만 유사시에는 피신처의 역할도 한다. 이런 것은 옛부터 있었던 것으로 새삼스럽지 않다.

그런데 오늘날 니콜로 비텔리(치타 디 카스텔로에서 1474년 교황 식스투스 4세에 의해 쫓겨났지만 피렌체의 도움으로 1482년 다시 복귀함)는 국가를 보전하기 위해 치타 디 카스텔로에 있는 2개의 성을 부수어 버렸다.

또한 우르비노의 공작 귀도 우발도(세니갈리아 참사로 베네치아로 도망쳤다가 체사레의 아버지인 교황 알렉산데르 6세가 죽은 뒤 우르비노를 되찾음)는 체사레 보르자에게 빼앗겼던 영토를 되찾았을 때 그 지역에 있던 성들을 모두 부수어 버렸다.

그것은 성으로 인해 나라를 잃어버릴 수도 있다는 생각 때문이다.

벤티뇰리오 가문 역시 볼로냐를 되찾게 되었을 때 이와 같은 조치를 취했다.

성은 이와 같이 경우에 따라서는 이롭기도 하고 해롭기도 한 것이다.

그런 상황을 다음과 같이 설명할 수 있다. 외부의 침략보다 내부의 분란이 자주 발생할 경우에는 성이 필요없다. 그러나 내부의 분란보다 외부의 침략이 자주 발생할 경우에는 성이 필요하다.

프란체스코 스포르차가 구축한 밀라노의 성은 국내에 있어서 어떤 성보다 내부의 분란으로 골칫거리였다.

그것은 현재의 훌륭한 성이라고 해도 백성에게 있어 분노의 대상이 될 경우, 군주를 지켜주지 못할 뿐더러 군주에게 반기를 든 상태라면 백성들이 성을 내주기 때문에 결국 외부 세력을 돕는 것에 불과하다.

군주에게 가장 안전한 성은 백성

최근 성을 구축하여 도움이 된 사례를 보면 알 수 있다. 포를리 백작 부인(카테리나 스포르차. 밀라노 공작 프란체스코 스포르차의 배 다른 딸) 외에 그 어떤 군주도 성의 도움을 받은 적이 없다.

남편인 지롤라모 백작(교황 식스투스 4세의 조카)이 살해된 후 백성들의 공격을 받은 백작 부인은 성안으로 피신을 했다. 그리고 밀라노(루도비코 스포르차)로부터 온 원군에 의해 자신의 권력을 다시 회복할 수 있었다.

이런 일이 가능했던 것은 그 당시 외부 세력이 백성들을 도와 싸울 처지가 못 되었기 때문이다.

그러나 훗날 체사레 보르자가 공격해 오고 성난 백성들이 침략 세력과 손을 잡게 되자 성은 백작 부인에게 아무런 쓸모가 없게 되었다.

그 당시나 그 후나 성에 의존하는 것보다 백성들에게 미움을 사지 않는 것이 백작 부인에게는 훨씬 더 안전했을 것이다.

따라서 군주가 성만을 믿고 백성들에게 등을 돌려 미움을 산다면 비난을 받아 마땅하다.

이런 상황을 고려해 볼 때 성을 구축하는 군주만큼이나 성을 구축하지 않는 군주에게도 찬사를 보내야 할 것이다.

** 제21장

존경을 받는 군주의 길

전쟁과 종교와 백성을 아는 위대한 군주

　군주가 위대한 평가를 받으려면 모범이 될 만한 업적을 쌓는 것이 최선의 방법이다. 그 예로 에스파냐의 왕인 아라곤가의 페르난도(카톨릭 이외의 종교를 금지하기 위해 1478년 종교 재판소를 설치했으며, 1492년 유대인을 추방함)를 보면 잘 알 수 있다.

　그는 밑바닥부터 시작해서 군주로 제위에 올라 명성과 영광을 한 몸에 얻었다. 또한 그가 기독교 세계의 가장 유명한 왕으로 기반을 닦으니 거의 신생 군주라 해도 무방할 것이다.

　그의 면면을 살펴보면 매우 위대하고 어떤 면은 불가사의하다.

　제위에 오르자 곧 그라나다를 공략했다. 그 전쟁을 계기로 국가의 기틀을 마련했다.

이 무렵 카스티야의 제후들에게 오르지 전쟁에만 집중을 시켜 내부에 눈을 돌릴 틈조차 주지 않았다. 그러한 틈을 타서 지배력을 확고이 했다.

그는 교회와 백성들이 마련한 자금으로 군대를 강화했고, 기나긴 전쟁을 통해 유명해진 군대를 더욱 엄격하게 다스려 명성을 떨치게 되었다.

그가 엄청난 전쟁을 계획할 때에는 언제나 자신의 목표를 위해 종교를 끌어들였다.

그 예로 신앙적인 난동(겉으로 보기에 가톨릭으로 개종한 교적 무어인의 추방이지만 이것은 종교적 만행이다.)을 일으켜 무어인들을 나라 밖으로 쫓아냈다. 이와 같이 참혹하고도 비극적인 일은 일찍이 없었다.

그는 그렇게 성스러운 종교를 앞세워 아프리카를 공격했다. 이어서 이탈리아를 침략한 후 프랑스로 쳐들어갔다.

그의 군사적 행동이 지속되자 백성들은 불안하기도 하고 경이적이기도 했지만 언제나 그 결과에 만족했다.

그의 업적과 계획들은 모두 위대한 것이다. 이처럼 그는 신하들에게 어떤 생각도 한 시간저 어유조치 히용하지 않았기 때문에 큰 성과를 거둔 것이 아닐까.

비범함으로 업적을 남긴 군주

밀라노의 베르나보 공작처럼 비범한 정치적 능력을 발휘하여 군주의 위상을 높였다.

베르나보(잔혹한 형벌 제도로 악명이 높음)는 무작정 남이 하지 않는 일을 과감히 실천하여 찬사와 비난을 통한 화제거리를 만들었다.

이처럼 군주는 모든 면으로 비범한 능력을 보여 주어 위대한 평을 듣게끔 노력해야 한다.

중립보다는 확실한 동맹 관계의 필요성

군주라는 것은 결과야 어찌 되든 간에 자신이 진정한 동맹인지 아니면 철저한 적인지를 공개할 때 존경을 받는다.

이와 같이 자기 태도를 분명히 밝히는 것은 중립을 지키는 것보다 훨씬 유리하다.

만일 인접한 두 강대국이 전쟁을 할 경우 어느 한쪽이 승리를 거두게 되면 군주에게는 위협이 될 수도 있고 그렇지 않을 수도 있다.

이런 경우에 군주는 태도를 분명히 해야 한다. 그렇지 않으면 언제나 승리한 사람들의 제물이 되는 동시에 박쥐 신세가 된다. 뿐만 아니라 명분이 없으므로 도와줄 세력도 지지할 세력도 잃게 된다.

승리를 거둔 사람들은 누구나 자신이 위급한 상황에 처해 있을 때 도움이 되지 않는 사람을 자기편으로 삼고 싶지 않을 것이다.

역시 패한 사람들의 편에서 보면 함께 위험을 무릅쓰고 운명을 같이하지 않은 사람을 어떻게 좋다고 말할 수 있겠는가.

로마를 몰아내기 위해 아이톨리아의 요청을 받은 안티오코스가 그리스로 쳐들어갔다. 이때 안티오코스는 사신을 보내 로마와 가깝게 지내 오던 아카이아에게 중립적인 입장을 취해 달라고 요청했다. 한편 로마는 그와 반대로 자신의 편에 서서 함께 싸워 줄 것을 요청했다. 이때 중립을 지켜달라는 안티오코스 사신의 요청에 대해 긴급 회의를 열고 이 문제를 토론했는데 로마의 사신은 이렇게 말했다.

"이 전쟁에서 중립이 당신의 나라에 유리하다고 말하는 것은 옳지 못한 것이다. 왜냐하면 중립적인 입장으로 전쟁에 참여하지 않는다면 양쪽 모두에게 고맙다는 말 한마디도 들을 수 없다. 또한 그 어떤 목소리도 내지 못할 뿐더러 오직 승자의 제물이 될 뿐이다."

확실한 동맹 관계의 이점

우호 관계가 아닌 경우에는 언제나 중립을 요청한다. 그러나 우호적인 관계에 있을 때에는 함께 싸울 것을 요청한다. 이 때 결단력이 없는 군주들은 눈앞에 닥친 위험을 피하기 위해 대체적으로 중립을 선택한다. 이런 경우 대부분 파멸을 면치 못한다.

만약 선택한 쪽의 군주가 승리를 했을 경우, 그들의 힘에 밀린다고 할지라도 그가 신세를 졌기 때문에 서로 친밀한 관계가 유지된다.

예로부터 인간은 은혜를 저버릴 정도로 파렴치 않다. 승리를 했다고 해도 정의가 살아 있는 한 승자가 무시할 만큼 그렇게 완벽한 승리도 없다.

자신이 밀어준 군주가 패했다 해도 힘이 닿는 한 협조를 아끼지 않을 것이다. 또한 국력을 회복하고 나면 그 힘을 함께 나누려고 할 것이다.

세력이 약한 두 나라 사이의 교전에서 어느 한쪽이 승리를 하든, 그들이 위협이 되지 않는다고 하든, 소극적인 것보다 적극적인 가담이 훨씬 더 현명하다.

이것은 자기의 도움으로 한 나라를 멸망시킨 것이므로 그 도움이 승리에 있어 결정적인 역할을 한 만큼 승자는 언제나 고맙게 생각할 것이다.

이미 앞에서도 언급했듯이 피치못할 사정으로 인해 어떤 나라를 공격할 경우, 자신보다 강한 군주와 손을 잡는 것은 피해야 한다. 왜냐하면 승리를 했다고 치더라도 그들의 힘에 의해 통치되기 때문이다.

군주는 가능한 한 다른 군주에게 굽실거려서는 안 된다. 베네치아는 당시 밀라노 공작을 공격하기 위해 프랑스의 힘을 빌리게 되었는데 결국 그들은 이 때문에 스스로 몰락한 것이다.

그러나 교황과 에스파냐 왕이 롬바르디아를 공격해 왔을 때 피렌체처럼 불가피한 상황에서는 어느 한쪽과 동맹을 맺어야만 한다.

그렇다고 해도 이 경우에 국가는 어떤 안전한 길을 선택한 것은 아니다. 오히려 모든 정책이 불안정한 상태에 놓이게 된다.

이처럼 어떤 한 가지 고난을 피하면 곧 이어서 다른 고난이 다가오게 마련이다.

이것이 세상의 순리이므로 마음의 준비를 단단히 해야 한다. 또한 여러 가지 어려움을 대비하여 피해가 적은 쪽을 택하는 것이 현명하다.

능력 있는 사람을 보호하고 육성하는 군주

군주는 능력 있는 사람을 보호 육성하고 우대한다는 인상을 주어야 한다. 이와 함께 백성들을 격려하여 상업과 농업 그리고 그 밖의 어떤 직업이든 안정적으로 일을 할 수 있게 해야 한다.

그들이 빼앗길 것을 두려워해 재산 증식을 꺼리거나 세금이 무서워 거래를 기피하는 일이 없도록 해야 한다. 또한 국가나 도시의 명예를 위해 노력하는 사람들에게는 각각 포상을 해야 한다.

백성들을 흥겹게 하면서도 위엄을 지키는 군주

이런 것들 외에도 해마다 때를 맞춰 축제나 행사를 열어 백성들을 흥겹게 해 주어야 한다.

도시는 각각 길드나 씨족 단위로 구성되어 있어(길드는 현대의 각종 기업 조합, 구는 고대 로마의 종족을 의미하였으나 여기서는 지역을 가리킴) 군주는 이런 집단에 대한 관심을 표하고 가끔씩 그들의 모임에 참석하여 너그러움과 관대함을 보여야 한다.

어떤 경우라도 자신의 권위를 실추해서는 안 되며 그것을 지키기 위해 항상 행동을 자제해야 한다.

** 제22장

군주의 얼굴과도 같은 참모들

참모에 대한 중요성

군주가 참모들을 어떻게 선택하느냐 하는 것은 매우 중요한 일이다.

그 참모들이 능력이 있고 충성도가 높으면 세상에서도 그를 현명한 군주로 인정하겠지만 그렇지 못할 경우 그는 비난을 받아 마땅하다.

군주가 어느 정도의 현명함을 지니고 있는지 그것에 대한 것을 알려면 우선 그 참모들의 면면을 살펴보면 된다.

시에나의 군주 판돌포 페트루치의 참모인 베나프로의 메저 안토니오(1459년 베나프로에서 출생. 시에나대학 교수였으나 후에 정치 외교가로서 명성을 떨쳤다. 마키아벨리는 다른 저술에서 그를 '판돌포의 심장'이란 표현을 씀)의 됨됨이를 알고 있는 사람이라면 그를 참모로 삼은 군주의 뛰어난 인품이 어떤 것인지를 알 수 있다.

인간의 지적 능력에는 세 가지 유형이 있다.

첫 번째, 세상의 이치를 아는 사람

두 번째, 남의 견해를 듣고 판단을 하는 사람

세 번째, 스스로 이해하지 못하고 남의 견해도 이해하지 못하는 사람

첫 번째의 경우는 매우 우수한 사람이고,

두 번째는 무난한 사람이며,

세 번째는 쓸모없는 사람이다.

비록 판돌포는 첫 번째 유형에 속하지는 않는다 치더라도 두 번째 유형에는 능히 속하는 인물이다.

그는 다른 사람의 견해에 대하여 어떤 판단을 내릴 경우 설령 자신에게는 독창적인 생각이 없다 치더라도 참모들의 처신에 대해 옳은지 그른지를 판단하여 항상 옳은 것은 상을 내린다. 또한 그른 것에 대한 시정을 요구하니, 참모들은 그를 속이지도 못하고 언제나 충성스럽게 행동했다.

군주에게 있어 충성심과 신뢰를 유지하는 방법

군주가 참모들을 알려면 한 가지 확실한 방법이 있다. 즉 참모들이 군주의 일보다 개인의 일을 앞세워 이익을 추구한다. 그러면 그는 결코 좋은 참모가 될 수 없으며 군주는 그를 믿어서도 안 된다.

군주를 대신하여 국가의 일을 맡은 사람이라면 적어도 개인적인 욕심을 멀리하고 언제나 군주를 먼저 생각해야 한다. 또한 군주로 하여금 국사와 관련이 없는 일에 대해 한눈을 팔게 해서는 안 된다.

한편 군주는 참모들의 충성심을 지속적으로 유지하기 위해 그들을 소중히 여기고 잘 돌봐 주어야 한다. 또한 선행을 베풀어 책임과 명예를 함께 나눠야 한다.

그렇게 하면 참모들은 군주와 운명을 함께한다는 생각을 갖게 되므로 더 이상 재물을 탐하지 않게 된다. 또한 자신에게 만족할 만한 일이 있으므로 변화를 두려워하게 된다.

군주와 참모들 사이에는 위에서 말한 것처럼 그것을 실행해 옮기면 지속적인 신뢰가 쌓인다. 그렇지 않으면 둘의 관계가 불행한 결과로 나타난다.

** 제23장

참모의 아첨를 경계하라

현명한 사람의 말을 듣는 군주

 군주가 현명하지 못하거나 판단력이 흐린 경우에는 큰 잘못을 저지르게 된다. 그렇게 되면 자신의 처신에 지대한 문제가 생긴다. 이 문제의 중심에는 아첨꾼이 있다는 사실을 알아야 한다.

 사람은 누구나 자신이 하는 일에 있어서 꽤나 자부심을 갖고 있으므로 자신 스스로에게 속아 넘어가기 쉽다. 그만큼 이 폐단은 뿌리가 깊다.

 이것을 억제하려면 아첨꾼들로부터 자신을 멀리해야 한다. 그렇게 하지 않으면 위험한 상황에 휘말리게 된다.

 따라서 아첨에 빠지지 않으려면 누군가가 자신에게 직언을 했을 경우 결코 그것에 화를 내는 일이 없도록 해야 한다.

그렇다 해도 군주에게 이 사람 저 사람 마구 직언을 하면 위신이 떨어지게 되므로 현명한 군주는 또 다른 방법을 취해야 한다.

즉 국가에서 현명한 사람들을 선별하여 그들에게 직언할 수 있는 자유를 주되, 군주가 물어보는 것만을 직언을 하게 하고 그 밖의 문제는 함부로 입을 열지 못하게 해야 한다. 이때 군주는 그들의 의견을 듣고 깊이 생각하여 결정만 하면 된다.

이와 같은 자문에 어느 누구나 직언을 한 만큼 자신이 인정받고 있다는 사실을 몸소 느끼도록 군주는 행동해야 한다. 또한 그들 이외의 사람들로부터는 어떠한 말도 듣지 않는 것이 좋다.

일단 결정된 정책에 대해서는 반드시 실천에 옮겨야 하며 자신의 결정에 확신을 보여야 한다.

그렇게 하지 않으면 군주는 아첨꾼으로 인해 희생되거나 여러 의견에 중심을 못 잡고 흔들리다가 결국 백성들로부터 웃음거리가 된다.

독단적인 군주의 말로

이 문제와 관련하여 최근에 있었던 예를 들어 보겠다. 현재의 황제 막시밀리안 (1459~1519: 독일의 왕. 신성로마제국의 황제를 지냄)의 참모인 루카 신부는 황제를 이렇게 말했다.

막시밀리안 1세

"그는 지금까지 남의 의견을 들어 본 적도 없고 남의 충고도 들은 적이 없다. 그렇다고 스스로 결정한 적도 없다."

이러한 일은 앞서 말한 것과 상반되는 것인데 이것은 황제가 비밀을 좋아해서 생긴 일이다.

황제는 자신의 계획을 남에게 말하지도 않을 뿐더러 남의 의견을 구하지도 않는다.

막상 계획을 실행하려고 할 때 주변 인물들이 이 사실을 알아차리고 비판을 하면 서둘러 철회한다.

그 결과 오늘 실행하려던 계획을 내일이면 철회한다. 그래서 황제가 무엇을 하려는지 아무도 모른다. 그렇게 되면 결국 황제의 결정은 매사에 믿음이 가지 않는 법이다.

끊임없이 조언을 구하는 군주

　군주는 언제나 남의 좋은 의견을 받아들일 준비가 되어 있어야 한다.

　그런데 그것은 어디까지나 자신이 요구할 때만 귀를 기울이도록 하고 자신이 요구하지도 않은 의견에 대해서는 절대로 수용할 필요가 없다.

　군주는 언제나 지속적으로 조언을 구해야 한다. 그 조언에 대해서는 끈기를 가지고 참을성 있게 경청해야 한다. 이때 거짓 조언에 대해서는 화를 내야 한다.

훌륭한 조언에 의해 현명해지는 군주

어떤 군주가 현명하다는 평을 듣는 데에 있어서 그것이 군주 본인의 자질에서 비롯된 것이 아니라고 생각하는 사람들이 있다.

참모들의 훌륭한 조언이 있어 그런 것이라고 생각한다면 그것은 분명 잘못된 것이다.

다시 말해 현명하지 못한 군주가 훌륭한 조언을 받아들이지 않는다는 것쯤은 누구나 다 아는 사실이다.

즉 현명한 군주가 우연한 기회에 어느 훌륭한 참모의 조언을 듣는다.

그 조언을 전적으로 실행에 옮길 경우 군주의 몫이 된다. 그렇지 못한 군주라면 결코 훌륭한 참모의 조언을 묵살해 버릴 것이다.

어쩌다가 현명하지 못한 군주가 참모의 조언을 받아들일 수밖에 없었다. 그런 상황에서 조언을 받아들였다.

그것은 머지않아 그에게 국가를 빼앗길 것이므로 그러한 관계는 지속될 수 없다.

현명하지 못한 군주가 한 명의 참모가 아닌 여러 명의 참모로부터 조언을 듣게 된다. 그러면 의견이 분분해 결론을 내리기가 쉽지 않다.

그렇게 되면 참모들은 한결같이 자기 이권을 먼저 취하려고 할 것이다.

군주는 이를 바로잡을 수도 없고 이해시킬 수도 없다.

사람이란 정의를 멀리할 때 누군가가 제재를 가하지 않는 한 자신의 필요에 따라 불의을 저지르는 법이다.

그러므로 훌륭한 조언은 누가 하든 간에 군주의 현명한 판단력에서 비롯된다. 훌륭한 조언이 군주의 현명한 판단력을 가지게 하는 것은 아니다.

** 제24장

이탈리아의 군주들이 국가를 잃은 까닭

신생 군주로서 얻을 수 있는 영광

지금까지 말한 충고를 잘 실천해 나간다면 신생 군주라 해도 세습 군주에 비해 더 빨리 자리가 잡힐 것이고 기반도 확고해질 것이다.

신생 군주는 세습 군주보다 행동 면에서 훨씬 더 많은 관심과 주목을 받는다. 따라서 그가 능력이 있다고 인정만 되면 오래된 가문의 세습 군주보다 더 많은 인재를 확보할 수 있으며 그들의 지지를 받게 마련이다.

사람은 대개의 경우 과거보다는 현재에 관심이 많으며, 현재에 만족을 느끼면 다른 것은 거들떠보지도 않는다. 그러므로 어떤 큰 잘못을 하지 않는 한 그들은 신생 군주를 위해 모든 노력을 다할 것이다.

신생 군주가 나라를 세워 훌륭한 법과 강력한 군대를 만드는 동시에 선정을 베풀면 그 빛나는 명예가 널리 퍼지게 된다.

그렇지만 세습 군주가 국가를 물려받은 상태에서 지혜가 부족하면 국가를 잃게 되는 것은 물론 이중의 수모를 겪게 될 것이다.

국가를 잃은 군주들의 공통된 결함

최근 이탈리아에서 나라를 잃게 된 군주들 가운데 나폴리의 왕이나 밀라노의 공작을 살펴보면 다음과 같은 결함이 있다.

첫 번째로 군사와 관련된 문제에 있어 공통된 결함을 가지고 있고,

두 번째로 백성들이 군주를 적대시하거나 귀족들을 통제하지 못한 것이다.

만일 이러한 결함이 없었다면 전쟁에 나설 정도의 힘만으로도 군주는 국가를 잃지 않았을 것이다.

마케도니아의 필리포스 왕(B.C. 221년 왕으로 즉위. B.C. 215년 로마와 전쟁을 벌이고 있는〈제2차 포에니 전쟁〉 카르타고의 장군 한니발과 동맹을 맺고 일리리아에 있는 로마의 속국들을 공격하며 10여 년 동안 로마와 전쟁을 벌였다. 알렉산더 대왕의 아버지가 아니라 티투스 퀸투스에게 패한 인물)도 적국인 로마나 그리스의 군주들보다 별로 나을 것이 없었다. 그럼에도 불구하고 훌륭한 군인이었던 그는 백성들의 힘을 모으는 한편 귀족들을 잘 다루었기 때문에 오랜 기간 싸움을 계속할 수 있었다. 그 결과 몇몇 도시는 잃었지만 가까스로 자신의 왕국은 보전할 수 있었다.

이것으로 볼 때 오랫동안 국가를 통치했던 이탈리아의 군주들은 자신의 불운을 탓하기 전에 먼저 자신의 무능함을 탓해야 할 것이다.

군주의 자리를 지키게 하는 능력과 힘

그들은 앞으로 닥쳐올 짓궂은 운명의 장난을 예상치도 못했다. 다시 말해 맑게 개인 날이라 할지라도 폭풍우가 올 수 있다는 사실을 미리 알아 대비하지 못하는 것과 같다.

이것이 사람에게 있어서 공통된 결함이기는 하지만 일단 곤경에 처하면 이것을 막기 위한 대책은 세우지도 않고 오직 피신할 궁리만 한다.

더욱이 정복자의 학대에 분노한 백성들이 자신을 다시 불러들일 것이라고 기대한다. 그러나 대책도 없이 이것에만 의존한다면 그것 또한 옳지 못하다.

누군가 일으켜 줄 것으로 믿고 일부러 쓰러지는 사람은 없다. 그것은 잘못된 일이며 누군가 일으켜 준다 해도 그 어느 경우든 안전하지 못하다.

다시 말해 스스로 일어나지 못하면 그러한 구제는 전혀 쓸모가 없는 것이다. 자신의 능력과 자신의 힘만이 뜻을 이룰 수 있으며 이 길만이 효과적이면서도 확실한 것이다.

** 제25장

운명에 관하여

운명의 반을 극복하는 것은 오직 자신뿐

대부분의 사람들은 운명이 신에 의해 지배되므로 피해 갈 수 없다고 믿는다.

만약 그렇게 믿는 사람들에게 있어서 사람의 노력은 무의미할 뿐이다. 그런 사람들은 모든 일을 오직 운명에 맡겨야 한다고 생각한다.

특히 오늘날처럼 격변하는 세상에 그리고 미래에도 이와 같은 생각은 더욱 굳어지게 될 것이다. 나도 이 문제를 생각할 때 어느 정도는 수긍이 간다.

그러나 우리에게 엄연히 자유에 대한 의지가 있는 이상, 운명이란 모든 사람이 살아가는 동안 풀리지 않는 것에 대한 판단의 일부이지 나머지 것 혹은 그보다 더 작은 부분일지 모른다. 그러므로 우리가 어떻게 하느냐에 따라 달라지는 것이다.

운명을 극복하는 지혜

우리는 운명을 토스카나 지방의 범람하는 강물에 비유할 수 있을 것이다.

그 강물이 들판을 뒤덮고 집들을 파괴해 버린다. 그리고 흙더미를 휩쓸어 다른 곳으로 여기저기 흩어 놓는다.

사람들은 이를 보고 막을 도리가 없어 피신을 하게 되고 그 소용돌이치는 물결의 분노 앞에 무릎을 꿇고 만다.

그렇게 강물이 파괴적인 본성을 지니고 있다 하더라도 일단 날씨가 개이면 사람들은 제방을 쌓는다. 그리고 홍수를 대비하기 위해 물줄기를 운하 쪽으로 틀거나 약화시켜 위험을 막는다.

운명도 이와 마찬가지로 방어력이 약한 곳에서 그 위세를 떨친다. 다시 말해 제방이나 운하가 없는 곳에서 범람하는 것과 같은 이치이다.

이러한 격동기의 이탈리아를 살펴보면 그곳은 제방도 피난처도 전혀 마련되어 있지 않는 허허벌판이나 마찬가지이다.

이탈리아가 만일 독일이나 에스파냐 또는 프랑스처럼 자기 힘으로 능히 방어할 수 있었다면 큰 혼란은 없었을 것이다. 아니 그런 일이 일어날 수도 없다.

일반적으로 운명에 맞서는 방법은 이 정도로 충분할 것이다.

운명에 의지하는 군주의 한계

그러나 좀 더 특별한 경우를 두고 말해 보자. 오늘 번영하던 군주가 그 성품이나 정치적 활동에 아무런 변화가 없었다. 그런데도 불구하고 내일은 몰락해 버리는 경우가 있다.

이러한 일은 무엇보다 앞서 말한 것과 같이 군주가 전적으로 운명에 의지했기 때문이다. 그런 군주는 운명의 변화에 따라 몰락해 간다.

따라서 시대의 변화에 적응을 하면 흥하고 그렇지 못하면 망하는 법이다.

시대 정신으로 성공한 군주

모든 사람들은 궁극적으로 명예나 부를 향해 각각 다른 방식으로 목표에 접근한다.

어떤 사람은 조심스럽게, 어떤 사람은 성급하게 접근한다. 폭력으로 아니면 실력으로 아니면 끈기로 각각 다르게 그 목표를 달성한다.

이때 신중한 두 사람이 있다고 하더라도 한 사람은 성공하고 다른 한 사람은 실패한다.

그런가 하면 전혀 다른 방법으로 한 사람은 신중하고 다른 한 사람은 성급하게 일을 추진한다. 이런 상황에서 두 사람 모두 성공한 경우를 볼 수 있다.

이러한 결과는 그들의 방법이 시대의 정신에 부합되느냐 아니냐에 따라 달라진다.

지금까지 말한 대로 전혀 다른 방법을 취하면서도 똑같은 성과를 거둘 경우도 있고, 똑같은 방법을 취해도 서로 다른 결과를 가져오는 경우가 있다. 성공이나 실패를 가져오는 것도 여기에 원인이 있는 것이다.

신중하고 참을성 있게 일을 처리해 나가는 군주에게 시대와 환경이 그가 선택한 방법과 잘 어울리는 방향으로 변화한다면 그는 행운이 따를 것이다.

그러나 시대와 환경이 달라졌는데도 이를 따르지 않고 구태

의연한 사고방식으로 일을 처리해 나가는 군주가 있다. 이런 경우에는 파멸을 면치 못한다.

세상에는 이런 군주가 대부분이다. 그만큼 선천적으로 타고난 성격에서 벗어나기 힘들다. 일정한 방법으로 성공을 거둔 사람은 또 다른 방법을 선택하기 어렵다는 뜻이다.

아무리 신중한 사람이라 할지라도 그때그때 닥쳐오는 일에 대응하지 못하고 시기를 놓치면 파멸을 면치 못한다. 그러나 시대와 환경의 변화에 맞게 대응해 나가는 사람이라면 운명도 능히 헤쳐 나갈 수 있다.

시대 정신을 따르는 군주

교황 율리우스 2세는 무슨 일이든 과감하게 처리하는 성격인데 그의 행동은 시대와 잘 맞아떨어졌으므로 언제나 성공을 거두었다.

조반니 벤티볼리오가 생존 당시, 그가 볼로냐를 상대로 처음 원정에 나섰을 때 그의 행동을 살펴보면 그가 어떻게 처신했는지를 잘 알 수 있다.

베네치아인들과 에스파냐의 왕은 이 원정을 반대했다. 한편으로 그 계획은 프랑스와도 협상 중에 있었는데 교황은 특유의 결단력과 용맹함을 앞세워 그 원정을 단독으로 감행했다.

이 무렵 에스파냐인들은 나폴리의 영토를 다시 탈환할 생각이었지만 베네치아인들은 두려움에 참전을 망설였다.

이때 그의 원정은 프랑스 왕을 즉시 참전토록 만들었다. 프랑스 왕은 베네치아를 공략하기 위해 교황과의 동맹을 원하는 눈치였다. 게다가 자신의 심기를 거스르지 않기 위해서라도 반드시 군대를 파견할 것이라는 판단이 섰다.

율리우스는 이와 같은 신속한 행동으로 그 어떤 교황도 이루지 못했던 과업을 이루었다.

그가 만일 다른 교황들처럼 모든 준비와 교섭의 결과를 보고 원정에 나섰던들 결코 성공을 거두지는 못했을 것이다. 그렇게 했다면 프랑스 왕은 이것저것 구실을 내세울 것이 분명하고 다른 나라들도 이것저것 발생할 문제들을 제기했을 것이다.

교황 율리우스의 다른 업적에 대해서는 거론하지 않겠다. 그것들은 앞에서 말한 이야기와 대부분 비슷하고 모두 다 성공을 거두었기 때문이다.

그는 오래 살지 못했다.

따라서 (율리우스 2세: 재위 기간 1503~1513년까지, 10여 년) 그는 운명의 변덕스러움을 겪지 못했다.

그렇다 해도 신중할 때 신중하지 못했다면 타고난 천성 때문에 몰락했을 것이다.

운명을 대담하게 극복하는 삶

운명은 변하는데 자신만의 방식을 고집하는 사람들이 있을
경우, 그 두 가지 조건이 조화를 이루게 되면 성공을 거둘 것
이고 그렇지 못할 경우에는 실패할 것이다.

내 생각으로는 신중한 행동보다 차라리 과감한 행동이 더 낫
다.

예로부터 운명의 신은 여신이어서 이를 지배하려면 힘으로
밀어붙여야 한다. 따라서 운명의 여신은 신중하게 접근하는
사람보다 과감한 사람에게 잘 끌린다.

젊은이는 수단과 방법을 가리지 않을 뿐더러 성급하면서도
대담성이 있다. 그래서 그녀를 잘 지배해 나간다.

이처럼 운명은 언제나 젊은이의 편에 서는 것이다.

** 제26장

외부 세력으로부터 이탈리아를 구하는 길

지금이야말로 진정 신생 군주가 필요한 시기

　지금까지 말한 모든 것을 살펴보면서 오늘날 이탈리아가 신생 군주에게 영광을 안겨 줄 적절한 시기인지,

　신중하고 유능한 군주에게 영광이 있을 것인지,

　이탈리아 백성들에게는 행복을 가져다 줄 새로운 기회가 될 것인지,

　곰곰이 생각해 보았다.

　그 결과 오늘날처럼 신생 군주에게 적절한 시기는 없었다고 본다.

　전에도 말한 바와 같이 **모세의 능력을 알기 위해서는 이스라엘 백성이 이집트의 노예가 되어 있어야 하고,**

키루스 왕의 위대한 정신을 보기 위해서는 페르시아인들이 메디아인들에게 탄압을 당해야 하고,

테세우스의 권능을 보이기 위해서는 아테네인들이 서로 분열되어 있어야 한다.

이와 마찬가지로 오늘날 이탈리아인들의 역량을 알기 위해서는 현재와 같은 극한 상황이 필요하다.

이스라엘인들보다 더 참혹한 노예가 되어야 하고, 페르시아인들보다 더 심한 탄압을 받아야 하며, 아테네인들보다 더 분열되어야 한다. 지도자도 없고 질서도 없이 짓밟히고 약탈을 당하며 찢긴 채로 있어야 한다. 그리고 이런 파국을 극복해야 한다.

새로운 군주의 탄생을 염원하는 이탈리아

최근에 어떤 인물이 신으로부터 이탈리아를 구원하라는 명령을 받은 것이 아닌가 하는 한 가닥 희망이 있었다.

그럼에도 불구하고 그의 위대한 업적이 절정에 이를 무렵 그는 안타깝게도 운명의 버림을 받았던 것이다.

그것으로 인하여 이탈리아는 생기를 잃게 되었는데 이런 시국에 롬바르디아에서는 약탈이 자행되고 나폴리와 토스카나 왕국에서는 착취가 극에 다다른다.

이때 국가의 고통을 해결할 만한 인물이 필요하다. 그러니 지금 이탈리아는 신에게 이런 난폭한 야만인으로부터 구원해 줄 인물을 보내 달라고 얼마나 기원했는지 모른다. 이제 이탈리아는 누군가가 거사만 한다면 기꺼이 그를 중심으로 뭉칠 마음의 준비가 되어 있다.

메디치 가문이 군주가 되어야 하는 이유

그러나 당신처럼 탁월한 가문(메디치 가문을 칭함) 외에는 그 누구에게도 희망을 걸 사람이 없다.

당신은 행운과 능력을 겸비한 사람으로서 신과 교회의 각별한 은총을 받아 당연히 이탈리아를 구하는 데 앞장서야 한다.

만일 당신이 내가 앞에서 말한 바와 같은 인물들의 행적을 상기해 주기만 한다면 이 일은 그다지 어렵지 않을 것이다.

그들이 뛰어난 인물이기는 했지만 역시 하나의 사람이며 그들 모두가 지금과 같은 절호의 기회를 갖지는 못했다.

그들의 위대한 업적은 오늘날 당신에게 주어진 과업만큼 정당하지도 않았으며, 쉽지도 않고, 신의 은총을 받은 것도 아니기 때문에 이것이야말로 정당한 과업이다.

우리에게는 정당한 명분이 있다. 왜냐하면 불가피한 전쟁은 정의로우며, 무력밖에 희망이 될 수 없는 경우에는 그 무력도 신성한 것이다(리비우스론)라는 말이 여기에 해당되기 때문이다.

그러니 지금이야말로 가장 적절한 시기이다. 앞에서 말한 인물들의 모범 사례를 따르는 한편 여기에다 굳은 의지를 보태면 어려움은 없다.

이탈리아에서는 이러한 것들 외에도 신의 계시가 보이고 있다. 바다는 두 쪽으로 갈라지고, 구름은 앞길을 인도하며, 바위에서는 샘물이 솟고, 하늘에서는 만나(모세가 이스라엘 민족을 이집트에서 구출하여 고국으로 돌아갈 때 여호아가 아라비아 광야에서 준 음식물)가 떨어지는 등, 이 모든 것이 당신을 위한 기적인 것이다.

이제 남은 것은 오직 당신의 행동뿐, 신은 우리의 자유를 빼앗지도 않을 뿐더러 우리에게 준 영광도 거두려 하지 않는다. 왜냐하면 신은 모든 것을 직접 다 하시지는 않기 때문이다.

유능한 지도자가 필요한 이유

내가 앞서 말한 것처럼 당신과 같은 영광스런 가문이 기대만큼의 업적을 이루지 못한다 해도 이탈리아인들은 이상하게 생각하지 않을 것이다.

이탈리아의 모든 혁명이나 여러 차례의 전쟁으로 상당한 군사력이 소진된 것 또한 놀랄 만한 일은 아니다. 다시 말해 그러한 결과를 초래한 것은 구습에 의한 낡은 제도가 현실에 맞지도 않고 새로운 제도를 만들 만한 인물이 없었기 때문이다.

신생 군주가 자신의 힘으로 새로운 법률과 제도를 만드는 것만큼 더 큰 영광은 없다. 이러한 제도들이 정착되므로써 위엄이 생기고 그것이 위대한 업적으로 남을 때 군주는 존경과 찬사를 한 몸에 받을 것이다.

지금 이탈리아에는 그러한 것들을 만들 만한 형태적 요건과 능력이 있다. 하지만 이탈리아에는 정신적으로 탁월한 인재들은 많은데 정작 지도자들은 그렇지 못하다.

소규모의 싸움에서 보듯이 이탈리아인들의 힘과 기술 그리고 섬세함은 어느 민족보다 우수하다. 그러나 전쟁에 있어서 이러한 특징은 사라진다. 이 모든 것들은 지도자가 나약해서 그런 것이다.

유능한 사람들은 자신이 지도자로 나설 엄두도 못내면서 상부의 명령에 복종하지 않으려 한다.

이런 현상은 능력과 행운에 의해 남을 이끌만한 강력한 지도자가 없기 때문이다. 그 결과 지난 20년 동안에 치른 수많은 전쟁에서 이탈리아의 군대가 나가기만 하면 거의 패했다. 이러한 증거로 제일 먼저 타로가 그랬고, 알렉산드리아, 카푸아, 제노바, 바일라, 볼로냐 그리고 메스트리의 전투가 그랬다.

자주 국방의 중요성

만일 당신의 가문이 이탈리아를 구한 인물들의 업적을 따르려면 무엇보다 먼저 국가의 앞날을 위해 군사적 기반을 탄탄히 해야 한다.

바로 자국의 군대를 육성해야 한다. 그보다 더 믿을 만한 것은 없으며 그만큼 충성스럽고도 훌륭한 군대는 없다.

그들이 개인적인 병사로도 용감하겠지만 군주의 지휘를 받아 존중받고 대우받다는 것을 알게 되면 더욱 더 강력한 집단이 된다. 이런 군대를 키워서 언제나 외부의 침략에 대비해야 한다.

비록 스위스와 에스파냐의 보병 부대가 엄청난 전력을 지니고 있다 해도 그들에게는 약점이 많다.

따라서 제3의 부대로도 그들을 대적할 수 있다. 싸워 이길 수 있다.

에스파냐 보병 부대는 기병대를 당하지 못하고, 스위스 군대는 자신들보다 용감한 적에게는 두려움을 품는다.

이미 우리가 알고 있는 것처럼 에스파냐 보병 부대는 프랑스의 기병대를 이겨내지 못했으며, 스위스 보병 부대는 에스파냐의 보병 부대에게 패하고 말았다.

스위스 보병 부대의 경우 충분한 증거는 없지만 라벤나 전투에서 일정 부분 그 증거를 찾아볼 수 있다.

이 전투에서 에스파냐 군대는 스위스 군대와 동일한 전투 대형을 갖춘 독일 군대와 싸웠다.

에스파냐 군대는 작은 방패로 민첩하게 독일 군대의 창을 막고 공격하여 심대한 타격을 입혔다. 만일 기병대의 도움이 없었던들 그들은 전멸당했을 것이다.

이런 경우 두 나라에 대한 보병의 결점들을 찾아내어 기병대를 이겨내고 보병 부대에 대항할 만한 새로운 형태의 조직이 필요하다.

이것은 장비의 선택과 조직의 역할로 가능한 것이다. 이러한 것들은 다른 어떤 것보다 새로운 것으로써 신생 군주에게 명예를 안겨 주는 것은 물론 그를 위대하게 만드는 계기가 될 것이다.

이탈리아를 해방시킬 군주

오랜 세월이 흐른 후에야 비로소 해방의 기회가 이탈리아에 찾아왔다. 이를 헛되이 보내서는 안 된다.

외부 세력의 침략과 탄압 아래 온갖 고초를 겪은 사람들이 군주에게 얼마나 큰 사랑을 보낼지 그 기대는 실로 엄청나기 때문에 글로는 이루 다 표현할 수 없다. 그들은 복수를 갈망하므로 아낌없는 지원과 충성으로 보답할 것이다.

어느 누가 명령을 거부하겠는가? 어느 누가 복종을 거부하겠는가? 어느 누가 시기와 질투로 모함하겠는가? 이탈리아 사람이라면 어느 누가 존경을 하지 않겠는가?

야만인의 지배로 인하여 풍기는 악취에 우리들은 도저히 견딜 수가 없다. 그러므로 영광스런 당신의 가문이 용기와 희망을 가지고 정의로운 과업에 나서야만 한다.

그리하면 당신의 기세로 이탈리아는 나라다운 나라가 되고, 당신의 영도 아래 페트라르카(인문주의의 선구자 · 계관 시인 · 주요 작품: 나의 비밀)의 시처럼 실현될 것이다.

권능은 전쟁에 대항하여 무기를 들 것이다. 아직도 이탈리아인의 가슴 속엔 고대의 용맹함이 살아 있으므로……